Christoph Müller

»Haftschaden«

Die Folgewirkungen von
Jugendarrest und Warnschussarrest

Christoph Müller

»HAFTSCHADEN«

Die Folgewirkungen von Jugendarrest und Warnschussarrest

ibidem-Verlag
Stuttgart

Bibliografische Information der Deutschen Nationalbibliothek
Die Deutsche Nationalbibliothek verzeichnet diese Publikation in der Deutschen Nationalbibliografie; detaillierte bibliografische Daten sind im Internet über http://dnb.d-nb.de abrufbar.

Bibliographic information published by the Deutsche Nationalbibliothek
Die Deutsche Nationalbibliothek lists this publication in the Deutsche Nationalbibliografie; detailed bibliographic data are available in the Internet at http://dnb.d-nb.de.

Coverabbildung:
© copyright 2016 by Sebastian Maria Otto (http://www.sebastian-otto.com/). Abdruck mit freundlicher Genehmigung

∞

Gedruckt auf alterungsbeständigem, säurefreien Papier
Printed on acid-free paper

ISBN-13: 978-3-8382-1020-9

© *ibidem*-Verlag
Stuttgart 2016

Den Insassen der Jugendarrestanstalten gewidmet.

Inhaltsverzeichnis

Teil I: Jugendarrest und Warnschussarrest als Schockideologie

1. Einleitung

> „Ich hasse es, hier eingesperrt in der Zelle zu sein. Man vermisst seine Freunde und Freundin. Ich denke an die Zukunft und kann nachts nicht einschlafen. Am liebsten würde ich Gewalt einsetzen, um hier rauszukommen, doch es lohnt sich nicht. Meine Wut hinter diesen Gittern kann ich nicht beschreiben, ich weiß nur, dass der Hass genauso groß wie die Liebe zu meiner Familie ist."

Aus dem Brief eines Insassen an den Autoren

Ein Grundgedanke dieser Arbeit ist, dass Sozialwissenschaftler_innen an die Peripherien, an die Ränder der Gesellschaft gehen müssen, um von dort aus Gesellschaft zu analysieren. In dem Besonderen und Speziellen dort kann etwas allgemein Herrschendes entdeckt und verstanden werden. An den Rändern der Gesellschaft sind all jene „totalen Institutionen" (Goffman, 2014) angesiedelt, in denen diejenigen Menschen untergebracht sind, die nicht in eine der Schubladen passen, auf denen „verwertbar" steht, zum Beispiel in Psychiatrien, Gefängnissen und Abschiebelagern – aber gewissermaßen auch in Förderschulen, Kinder- und Jugendheimen und Behindertenwerkstätten. Diese Institutionen sind „Zonen besonderer Verdichtung der Macht" (Breuer, 1985, S. 300), unter denen nur ein geringer Teil der Gesellschaft direkt leidet, die aber doch alle in der Gesellschaft prägen. In ihnen lässt sich das Wesen der „Disziplinargesellschaft" (Foucault, 2013) nachvollziehen – nicht aber die Ursachen für die Ausgrenzung. Um diese zu verstehen, muss der Blick wieder auf das Zentrum der Gesellschaft und seine historisch gewachsenen und systematisch bedingten Machtpraktiken und die ihnen zugrundeliegenden Ideologien geworfen werden.

In dieser Arbeit beschäftige ich mich mit Jugendarrestanstalten. Dieser Fokus scheint für eine sonderpädagogische Arbeit auf den ersten Blick ungewöhnlich, beschäftigen sich doch vornehmlich die Kriminologie, die Rechtswissenschaft und die Kriminalpsychologie mit diesem Thema. Ich meine aber, dass die sonderpädagogische Perspektive hier eine spezielle Kompetenz einbringen kann. Sie hat einen spezifischen Blick auf die Ursachen und eine große Erfahrung im Umgang mit abweichendem Verhalten junger Menschen. Wenn Jugendliche und Heranwachsende in einer Jugendarrestanstalt landen, kann dies auch als ein Versagen der (Sonder-

)Pädagogik interpretiert werden, da dann an die Stelle von pädagogischer Unterstützung straf- oder ordnungsrechtliche Sanktionen getreten sind. Außerdem können die Analyse des Diskurses, der zur Einführung des Warnschussarrests beigetragen hat, und die Analyse der Folgewirkungen der Arrestpraktiken den Blick für gewisse Tendenzen in der Pädagogik selbst schärfen. Denn was man dort verdichtet betrachten kann – das Herrschen einer Schockideologie –, ist auch in pädagogischen Kontexten zu beobachten.

Zu dem Thema liegen erstaunliche Forschungsdesiderate vor. Es gibt kaum sozialwissenschaftlich aktuelle Publikationen zum Thema Jugendarrest (Redmann & Hußmann, 2015, S. 9) – eine (kritisch) psychoanalytische Untersuchung zu den Folgewirkungen des (kurzzeitigen) Einsperrens von Jugendlichen und Heranwachsenden liegt bisher überhaupt nicht vor. Mit dieser Arbeit will ich dazu beitragen, diese Lücken zu schließen. Dabei geht es mir um die folgenden erkenntnisleitenden Fragestellungen: Wie ist es zu der jüngsten Ausweitung des Jugendarrests, zum Warnschussarrest, gekommen? Auf welchen Prinzipien fußt eine solche Disziplinartechnologie und welche gesellschaftliche Funktion erfüllt sie? Wer ist warum von dieser Punitivitätspraktik direkt betroffen und was passiert konkret mit den Betroffenen im Jugendarrest? Was sind die subjektiven Folgewirkungen des kurzzeitigen Einsperrens junger Menschen in Jugendarrestanstalten? Inwiefern gibt es in der Pädagogik ähnliche Praktiken? Und schlussendlich: Was wären Alternativen zu diesen Strafpraktiken; was wären emanzipatorische, pädagogische Antworten?

Die Arbeit ist in drei Teile gegliedert. In dem ersten Teil werde ich den Gegenstand der Arbeit skizzieren, in den Jugendarrest (1.1) und den Warnschussarrest (1.2) einführen und den Begriff der „Schockideologie" präzisieren (1.3). Im Anschluss daran will ich mithilfe des so erarbeiteten begrifflichen Inventars analysieren, wie es zu der jüngsten Ausweitung des Jugendarrests gekommen ist. Dafür stelle ich zum einen die juristische Debatte zum Warnschussarrest vor (2.1) und nähere mich im zweiten Schritt der Mediendebatte mithilfe der Methode der Kritischen Diskursanalyse (2. 2). Im anschließenden theoretischen Teil werde ich mich anhand soziologischer Theorien den Fragen widmen, wer warum in den Jugendarrest kommt und was den Jugendlichen dort widerfährt (3.).

Der zweite Teil der Arbeit ist eine empirische qualitative Untersuchung der Folgewirkungen des kurzzeitigen Einsperrens Jugendlicher und Heranwachsender in Jugendarrestanstalten. Dafür habe ich narrative verstehende Interviews mit Jugendarrestanten geführt und diese tiefenhermeneutisch ausgewertet. Der Teil beginnt mit methodischen Überlegungen zu der Interviewform (4.1) und der Auswertungsmethode (4.2). Daran anschließend werden drei Interviews und die jeweiligen Interpretationen dazu zusammengefasst (5). Zum Ende des zweiten Teils werden die Ergebnisse der empirischen Untersuchung mit theoretischen Erkenntnissen in Verbindung gebracht (5.4).

Im abschließenden dritten Teil der Arbeit werde ich mich mit Alternativen zum Jugendarrest auseinandersetzen und dabei verschiedene pädagogische Programme in Hinblick auf darin vertretene schockideologische Komponenten untersuchen (6.). Diesen werde ich einen – aus meiner Perspektive – potentiell emanzipatorischen pädagogischen Ansatz gegenüberstellen (6.1). Die Arbeit endet mit einem resümierenden „Abschlussplädoyer" (7.).

1.1 Einführung: Jugendarrest

Der Jugendarrest ist ein „Zuchtmittel" des deutschen Jugendstrafrechts und ist im Jugendgerichtsgesetz (JGG) – §§ 13 Abs. 2 Nr. 3, 16 JGG – geregelt. Demnach soll er verordnet werden, „wenn Jugendstrafe nicht geboten ist, dem Jugendlichen aber eindringlich zum Bewusstsein gebracht werden muss, dass er für das von ihm begangene Unrecht einzustehen hat" (§ 13 Abs. 1 JGG). Der Jugendarrest steht damit im deutschen Recht zwischen einer bloßen „Weisung", etwa „Arbeitsstunden" abzuleisten oder an „sozialen Trainingskursen" teilzunehmen und einer Jugendstrafe, die für mindestens sechs Monate verhängt wird. Der Jugendarrest gilt damit als „Vorschaltaktion vor der Verhängung einer Jugendstrafe" (Schmidt, 2008, S. 125). Davon betroffen sind – wie allgemein vom Jugendstrafrecht – Jugendliche (zwischen 14 und 18 Jahren) und Heranwachsende (zwischen 18 und 21 Jahren).

Typische Delikte, die zum Jugendarrest führen, sind Schulschwänzen[1], Fahren ohne Führerschein, Sachbeschädigung, Verstöße gegen das Betäubungsmittelgesetz sowie „kleinere" Raub- und Körperverletzungsdelikte (vgl. bspw. Schrapper, 2015, S. 15).

Der Jugendarrest kann in den Arrestformen Freizeitarrest, Kurzarrest und Dauerarrest verhängt werden (§ 16 JGG). Ein Freizeitarrest, der meistens für die Wochenenden gilt, kann für ein oder zwei Freizeiten der Jugendlichen verhängt werden.

---

[1] Im Jahr 2014 saßen beispielsweise alleine in Niedersachsen 540 Schüler_innen aufgrund von Schulschwänzen im Jugendarrest (HAZ, 2015).

Der Kurzarrest kann anstelle des Freizeitarrests verhängt werden, wenn er die Ausbildung oder Arbeit der Jugendlichen nicht behindert, und gilt für zwei bis vier Tage. Der Dauerarrest wird für ein bis vier Wochen verhängt (ebd.) und macht den Großteil der verhängten Jugendarreste aus (vgl. Statistisches Bundesamt, 2013, S. 312).

Insgesamt werden jedes Jahr um die 15.000 Jugendliche und Heranwachsende zum Jugendarrest verurteilt (ebd.). Der Jugendarrest macht damit einen erheblichen Anteil aller durch Urteil verhängten jugendstrafrechtlichen Reaktionen aus und ist die am häufigsten vollzogene freiheitsentziehende Maßnahme des Jugendstrafrechts (vgl. Goeckenjan, 2013, S. 67).

Der Jugendarrest wird gemäß § 90 Abs. 2 JGG in der Regel in Jugendarrestanstalten (JAA) vollzogen. Für die Zeit des Jugendarrests muss der bzw. die Jugendliche oder Heranwachsende in eine Jugendarrestanstalt und ist dort meist in einer Einzelzelle untergebracht. Er bzw. sie muss sich dort an den von der Anstaltsleitung vorgegebenen Tagesablauf halten. Dieser beinhaltet Einschlusszeiten, in denen der Arrestant bzw. die Arrestantin allein in der Zelle eingeschlossen ist, sowie Aktivitäten innerhalb der Anstalt wie zum Beispiel die Mahlzeiten, Schulunterricht oder alternative Angebote wie Werken. Hält sich der Arrestant bzw. die Arrestantin nicht an die Anstaltsregeln oder gibt es Konflikte, wird von den Justizmitarbeiter_innen spontan ein „Einschluss" verordnet. Dann ist der oder die Betroffene den ganzen Tag über in seiner bzw. ihrer Zelle eingeschlossen, nimmt auch die Mahlzeiten in der Zelle ein und darf die Zelle nur für eine Stunde am Tag verlassen. In den Zellen der Jugendarrestanstalten, die ich besucht habe, befinden sich nur ein Bett, eine Toilette, ein Waschbecken, ein Regal, ein kleiner Tisch und ein Stuhl. Das Fenster ist vergittert. Internet, Handys, Fernseher, Radio und persönliche Besitztümer außer der Kleidung sind in den Jugendarrestanstalten verboten. Lediglich die Möglichkeit, einzelne Bücher, eine Tageszeitung, Papier und Bleistift auszuleihen, kann gegeben werden.

Das offizielle Ziel des Jugendarrests ist es, „das Ehrgefühl des Jugendlichen [zu] wecken und ihm eindringlich zum Bewusstsein [zu] bringen, dass er für das von ihm begangene Unrecht einzustehen hat" (§ 90, Abs. 1 JGG).

> „Wesentlich für seine Einführung war die kriminalpolitische Auffassung, dass einer nicht allzu schweren Straftat alsbald eine spürbare Sanktion im Sinne einer Schockstrafe folgen müsse, mittels derer entsprechend der ‚Short-Sharp-Schock'-Ideologie der ‚an sich

gut geartete' Jugendliche kurzfristig, ohne die Langzeitfolgen einer Strafe aus der ,Volksgemeinschaft' exkludiert werden könne" (Meyer-Höger, 2015, S. 87).

Diese Formulierungen verweisen auf den Ursprung des Jugendarrests: Er wurde zur Zeit des Nationalsozialismus eingeführt, genauer 1940 im Rahmen der „Verordnung zur Ergänzung des Jugendstrafrechts" und anschließend kodifiziert im „Reichsjugendgerichtsgesetz" (RJGG) im Jahre 1943 (vgl. Kühndahl-Hensel, 2014, S. 31).

> „Der neu eingeführte Jugendarrest war zum einen durch seine Kürze und Härte gekennzeichnet. Er sollte als kurze, aber harte Erziehungsstrafe, als Ordnungsruf mit abschreckender Schockwirkung oder aber als Denkzettel wirken. Durch Zucht, Ordnung, gewissenhafte Pflichterfüllung und auch „strenge Tage", die durch vereinfachte Kost und hartes Lager gekennzeichnet waren, sollte der Jugendliche zur Besinnung und Einsicht gebracht werden. Besonderen Wert sollte auf strengste Disziplin gelegt werden" (ebd., S. 32).

So schlug sich die nationalsozialistische Ideologie im Jugendstrafrecht nieder und prägt es bis heute: Der Jugendarrest wurde in der vom Reichsjugendgesetz geschaffenen Form übernommen (vgl. ebd.). Seitdem hat sich wenig an den Vorschriften zur Verhängung von Jugendarrest geändert – lediglich die Maximalzahl der Freizeitarreste wurde 1990 von vier auf zwei abgesenkt (vgl. ebd.). Mit dem Gesetz zur Einführung des sogenannten Warnschussarrests wurden die Anwendungsmöglichkeiten des Jugendarrestes wiederum erweitert.

1.2 Einführung: Warnschussarrest

Bis September 2012 galt in der Bundesrepublik Deutschland das sogenannte „Kopplungsverbot" von Jugendarrest und Jugendstrafe (gem. § 8 Abs. 2 JGG). Das bedeutet, dass Gerichte Jugendliche entweder zu einem Jugendarrest oder zu einer Jugendstrafe, also zu einer Freiheitsstrafe von mindestens sechs Monaten zur Bewährung oder zum Aufenthalt in einer Jugendanstalt (JA), verurteilen konnten.

Im September 2012 wurde mit dem von Bundestag und Bundesrat beschlossenen „Gesetz zur Erweiterung der jugendgerichtlichen Handlungsmöglichkeiten" (BGBl I, S. 1854) dieses bis dahin bestehende „Kopplungsverbot" aufgehoben und der – allgemein so bezeichnete – „Warnschussarrest"[2] eingeführt (gem. § 16 JGG). Ein

---

[2] Andere Bezeichnungen sind „Einstiegs-", „Kopplungs-" oder „Bewährungsarrest". Ich verwende in dieser Arbeit allerdings nur die meistverbreitete Variante „Warnschussarrest".

halbes Jahr später trat das Gesetz in Kraft, sodass Gerichte seit März 2013 die Möglichkeit haben, Jugendliche und Heranwachsende zusätzlich zu einer Jugendstrafe, die auf Bewährung ausgesetzt ist, zu einem Jugendarrest zu verurteilen. Damit hat die Praxis des kurzzeitigen Einsperrens 14- bis 21-Jähriger eine Ausweitung und Aufwertung erhalten.

Vorausgegangen war eine Mediendebatte, in der vor allem von Seiten konservativer Politiker_innen argumentiert wurde, dass Jugendliche, die „nur" eine Bewährungsstrafe erhielten, dies sonst als „Freispruch zweiter Klasse" erleben würden (CDU/CSU-Fraktion, 2012b) und daher einen „spürbaren Schuss vor den Bug" bräuchten (CDU/CSU-Fraktion, 2012a).

Die Möglichkeit zur Verhängung des Warnschussarrests wird in den verschiedenen Bundesländern unterschiedlich häufig angewendet. Im Land Niedersachsen war das nach Angaben des Justizministeriums im Jahr 2014 111-mal der Fall (vgl. Doelek, 2015). Im Jahr 2015 wurden Jugendliche bis Anfang April 18-mal zusätzlich zu ihrer Bewährungsstrafe zum Arrest verurteilt (ebd.). Damit liegt Niedersachsen laut einer Umfrage der Nachrichtenagentur dpa im Bundestrend (ebd.). Insgesamt ist die Tendenz zur Verhängung des Warnschussarrests steigend (ebd.).

1.3 Einführung: Schockideologie

Der Begriff „Schockideologie" wurde von Sandra Kühndahl-Hensel (2014) in ihrer richtungsweisenden juristischen Dissertation „Der individualpräventive Schock im Jugendkriminalrecht" in Anlehnung an den aus dem anglo-amerikanischen Rechtsraum bekannten Begriff des „short, sharp shock" in die Debatte eingeführt. Kühndahl-Hensel definiert Schockideologie als die Überzeugung, man könne einen Menschen mittels einer harten und kurzen spürbaren Intervention positiv in seinem Verhalten beeinflussen (vgl. ebd., S. 1; S. 5). Die Vorstellung, das zukünftige Legalverhalten eines Menschen mittels eines im Wege der Sanktion kurzfristig herbeigeführten Schocks positiv beeinflussen zu können, sei schon seit langem ein immer wiederkehrender Bestandteil kriminalpolitischer Debatten (ebd., S. 12), zeige sich aber ganz besonders im Jugendarrest und Warnschussarrest (ebd., S. 27).

> „Das Konzept des Jugendarrests fußt vom Zeitpunkt seiner frühesten Erwähnung bis heute
> – zumindest auch – auf dem Ziel, im Anschluss an ein Fehlverhalten durch eine kurze Intervention eine Abschreckungs- und / oder Besinnungswirkung zu erzielen" (ebd., S. 50).

Kühndahl-Hensel führt in ihrer Dissertation eine Vielzahl der Facetten von Schock-ideologien auf. Etwas unklar bleibt dabei, was die Schockideologie eigentlich zu einer Ideologie macht. Beantworten ließe sich dies mit der häufig Marx zuge-schriebenen Definition, wonach Ideologie ein Gebäude ist, das zur Verschleierung und damit zur Rechtfertigung der eigentlichen Machtverhältnisse dient.[3] Daran an-schließend lässt sich argumentieren, dass die Schockideologie vor allem deshalb eine Ideologie ist, weil sie die tatsächlichen Ursachen abweichenden Verhaltens Jugendlicher und Heranwachsender verschleiert. Sie tut dies, indem sie impliziert, dass es jugendlichen Straftäter_innen nur an „Respekt" fehle, dass sie einfach nicht verstanden hätten, was ihnen droht, falls sie sich nicht an Gesetze halten und dass sie nur einen kurzen und harten „Warnschuss" erleben müssten, um dann zurück „auf den rechten Weg" zu finden. Dies verunmöglicht, strukturelle Ursachen von Jugendkriminalität zu erkennen, wie beispielsweise Benachteiligung und Diskrimi-nierung, soziale Ungleichheit und das Negativ-Betroffen-Sein von Armut, Aus-grenzung und Rassismus, keine Perspektiven auf legalen Wegen haben, keine Ar-beits- und Ausbildungsplätze, keine Perspektiven, dem benachteiligten Milieu zu entkommen, keine ausreichende Betreuung durch Sozialarbeiter_innen und anderen Pädagog_innen usw. Es verhindert ebenfalls die individuellen Ursachen, wie bei-spielsweise belastende und traumatische Erfahrungen in den Blick zu nehmen. All dies verschleiert die Schockideologie, indem sie verspricht, durch simple Bestra-fungstechniken Jugendkriminalität verhindern zu können.

Der Ideologiebegriff soll dabei aber keineswegs den Anschein erwecken, es hande-le sich dabei um eine stets manifest vertretene Position. Aus sozialpsychologischer Perspektive fällt auf, dass Schockideologien in der Regel affektiv funktionieren, als Reaktion auf das störende Verhalten anderer, das einen selbst hilflos macht. Ein ty-pisches Kennzeichen der Schockideologien scheint dabei das mystische Fordern nach „mehr Härte" zu sein. Mystisch ist die Forderung, weil unklar, quasi geheim-nisvoll bleibt, was konkret damit gemeint ist und inwiefern „mehr Härte" heilsam für Jugendliche sein sollte. Da dies in der Forderung nach „mehr Härte" nicht aus-geführt wird, handelt es sich dabei für diejenigen, die diese Forderung erheben, of-

---

[3] Obwohl sich eine Reihe von Aufsätzen finden lässt, welche Marx als Verfasser dieser Aussage angeben, konnte ich die Stelle in keinem Werke Marx' finden und das Zitat damit nicht verifi-zieren, sodass ich davon ausgehe, dass die Formulierung anonymen Ursprungs ist und Marx lediglich zugeschrieben wird – was sie wohlgemerkt inhaltlich nicht weniger hilfreich macht.

fenbar um eine quasi göttliche oder absolute Wahrheit, die keiner Begründung bedarf.

Auch der Bundesgerichtshof bezeichnet den Jugendarrest in einer älteren Entscheidung als „kurzen, harten Zugriff" und „fühlbaren Ordnungsruf", der „vermöge seines harten Vollzugs abschreckend" wirken und so den Jugendlichen davor schützen soll, auf dem erstmalig eingeschlagenen Weg fortzufahren (Goeckenjan, 2013, S. 68). Schockideologien finden sich nicht nur im Jugendkriminalrecht und den Debatten darum, sondern wie ich zeigen werde auch in gewissen pädagogischen Konzepten (Teil III). Auch dort findet sich das Wesensmerkmal der Schockideologie, der Ruf nach „mehr Härte" im Umgang mit Verhaltensstörungen ohne konkrete Aussagen darüber, was damit konkret gemeint ist und inwiefern dies hilfreich sein sollte.

Diese ständige unbestimmte Verwendung des Begriffs der „Härte" verweist auch auf die Geschlechterdimension in den Schockideologien: Sowohl im pädagogischen als auch im kriminologischen und im medial-öffentlichen Diskurs wird damit so gut wie ausschließlich gefordert, dass Verhalten von Jungen zu sanktionieren. Auch vom Jugendarrest sind überwiegend, über 87 % (Statistisches Bundesamt, 2013, S. 312), männliche Jugendliche betroffen. Dies ist auch insofern fatal, als dass sozialpsychologisch anzunehmen ist, dass sich die Erfahrung, mit dieser „Härte" konfrontiert zu sein, auch wieder auf die Subjektkonstitution rückwirkt und Jungen, die den Jugendarrest oder ähnliche schockideologisch geprägte Punitivitätspraktiken durchlebt haben, sich folglich dadurch besonders „hart" fühlen, was wiederum Ursache von aggressivem Verhalten sein kann (vgl. Müller, 2014).

2. Der Diskurs um den Warnschussarrest

2.1 Die juristische Debatte

Seit es die Idee gibt, den Jugendarrest für Bewährungsstrafen auszuweiten, gibt es Kritik an dem Vorschlag von juristischen, kriminologischen Fachvertreter_innen. In den zwei Jahren vor der Einführung des Gesetzes hat sich diese Kritik verdichtet.

Der Strafrechtler und Kriminologe Frieder Dünkel (2010) kritisiert den damals erst angekündigten Warnschussarrest deutlich: Zum einen formuliert er juristische Einwände, wonach die geplante Gesetzesänderung verfassungsrechtlich bedenklich sei (ebd., S. 2).[4] Zum anderen sprächen auch die empirischen Ergebnisse der Sanktionsforschung gegen den Warnschussarrest: Dünkel weist auf die enorm hohe Rückfallquote des Jugendarrests (70 %) einerseits und die ebenfalls hohe Rückfallquote der Bewährungsstrafe (60 %) andererseits hin. Er bemängelt, es gebe „kein einleuchtendes Argument dafür", dass eine Kombination aus beiden „zur ,Wunderwaffe' mit einer niedrigeren Rückfallquote als bei isolierter Strafaussetzung mutieren sollte" (ebd., S. 3).

Der Rechtswissenschaftler und Kriminologe Arthur Kreuzer (2012a) argumentiert ebenfalls, dass der Warnschussarrest ein „kriminalpolitischer Irrweg" sei. Er stellt fest:

> „In der Fachwelt besteht nahezu Einmütigkeit über die Nutzlosigkeit, ja Schädlichkeit eines solchen Arrests. Anhaltend warnen Wissenschaftler davor. Rechtsvergleichende Studien sprechen gegen dieses Instrument. Bedeutende Berufsverbände wie der Deutsche Juristentag (2002), der Deutsche Jugendgerichtstag (zuletzt 2007), die Deutsche Vereinigung für Jugendgerichte und Jugendgerichtshilfen und der Deutsche Richterbund lehnen es ab" (ebd., S. 101).

Kreuzer macht deutlich, dass schon die Prämissen hinter der Forderung nach dem Warnschussarrest nicht stimmten: Weder nehme Jugendgewalt zu noch könne „Strafhärte" vor Gewalt abschrecken (ebd.). Im Gegenteil: Kurzer Freiheitsentzug

---

4 „Verfassungsrechtlich ist eine Verletzung des Schuldgrundsatzes und des Bestimmtheitsgrundsatzes anzunehmen, weil die Zielgruppe einer Sanktionskombination von ausgesetzter Jugendstrafe mit Jugendarrest nicht klar definiert werden kann. Denn es müsste sowohl eine Zielgruppe für den Jugendarrest als auch für die Jugendstrafe (wegen schädlicher Neigungen oder der Schwere der Schuld) als jeweils alleiniger Sanktion (so das geltende JGG) wie auch einer davon abzugrenzenden Schnittmenge beschrieben werden können" (ebd.).

nach einem langen Strafverfahren fördere sogar die Rückfälligkeit (ebd.). Im Weiteren nennt Kreuzer eine Reihe konkreter Einwände gegen den Warnschussarrest. Dazu gehört, dass es – im Gegensatz zum populistisch behaupteten schnellen Reagieren – zu einem Arrestantritt immer erst viel später, in der Regel etwa ein Jahr nach der Tat, käme (ebd., S. 102). Dazwischen lägen noch Verfolgung, oftmals Untersuchungshaft, Verurteilung, Rechtskraft des Urteils und Ladung zum Arrestantritt. Dies bedeute auch, dass der Warnschussarrest immer die Zusammenarbeit mit der Bewährungshilfe störe, weil er mitten in die schon begonnene Zusammenarbeit fiele (ebd.). Kreuzer beendet seinen Beitrag mit der skeptischen Frage, ob die regierende Koalition auf die Einwände der Fachwelt höre und davon absehe oder zumindest „eine Evaluations- und Experimentierklausel" in das Gesetz einbaue (ebd., S. 103). Wenige Monate später wurde das Gesetz – ohne solch eine Klausel – eingeführt.

Auch in den offiziellen schriftlichen Stellungnahmen im Rahmen der Anhörung des Rechtsausschusses des Deutschen Bundestages am 23.05.2012 zum Entwurf des Gesetzes wurde von den Fachvertreter_innen deutliche Kritik geäußert. Theresia Höynck (2012), Vorsitzende der Deutschen Vereinigung für Jugendgerichte und Jugendgerichtshilfen e. V. (DVJJ), fasst in ihrer Stellungnahme noch einmal die verschiedenen Kritikpunkte zusammen. Sie betont die nahezu einhellige Ablehnung der Fachwelt und argumentiert, dass es widersprüchlich und nicht plausibel sei, wenn Gerichte einerseits eine Jugendstrafe zur Bewährung aussetzen würden, weil sie erwarten würden, dass der Jugendliche „ohne die Einwirkung des Strafvollzugs unter der erzieherischen Einwirkung in der Bewährungszeit künftig einen rechtschaffenen Lebenswandel führen wird (§ 21 I 1 JGG)" und gleichzeitig die Notwendigkeit eines „irgendwann während der Bewährungszeit zu vollstreckenden Arrests" sehen würde (ebd., S. 1). Dadurch, dass diese widersprüchliche Aussage – einer positiven Prognose bei gleichzeitiger Arrestanordnung – auch den Jugendlichen vermittelt werde, werde die bestärkende und unterstützende Aussage, die durch eine gewährte Aussetzung ausgedrückt werden könne, zunichte gemacht (ebd.). Zudem gebe es im Lichte der durch die Kinderrechtskonvention normierte Nachrangigkeit freiheitsentziehender Maßnahmen bei Kindern und Jugendlichen keinen legitimen Grund, mit dem Warnschussarrest den Anwendungsbereich freiheitsentziehender Maßnahmen im Jugendstrafrecht zu erweitern (ebd., S. 2f.).

Bei der offiziellen Anhörung bemühte sich die regierende Koalition selbstredend darum, dass auch solche „Sachverständigen" benannt wurden, die zu einer positiven Beurteilung des Gesetzesentwurfes kamen.

Dazu gehörte Franz Gierschik (2012) von der Münchner Staatsanwaltschaft. Allerdings bleibt unklar, worin dieser den konkreten Nutzen eines Warnschussarrests sieht, da er in seiner Stellungnahme lediglich Beispielfälle nennt, in denen man einen Warnschussarrest anwenden könnte: Bei schwerwiegenden Straftaten, bei denen aber die Sozialprognose so gut sei, dass man die Strafe zur Bewährung aussetzen würde, und bei Fallkonstellationen, bei denen „Täter mit unterschiedlichen Tatbeiträgen" beteiligt waren und die einen zum Jugendarrest und die anderen zu einer Jugendstrafe auf Bewährung verurteilt würden. So argumentiert er implizit mit der Vorstellung eines „Freispruchs zweiter Klasse".

Eine weitere positive Bewertung kam von Hubert Pürner (2012), Richter am Amtsgericht der bayrischen Stadt Hof, der die Einführung „außerordentlich" begrüßte. Er schreibt in seiner knappen Stellungnahme, für einen Jugendlichen oder auch Heranwachsenden sei der „bloße Ausspruch einer Bewährungsstrafe" oftmals „wenig greifbar", und meint, der Warnschussarrest sei ein „schon seit vielen Jahren in der Praxis gewünschtes Instrument für eine sinnvolle pädagogische Aburteilung in geeigneten Fällen" (ebd.).

Dagegen wieder deutlich ablehnend ist die schriftliche Stellungnahme von Arthur Kreuzer (2012b), der im Wesentlichen die Argumente aus seinem Beitrag in der Zeitschrift „Neue Kriminalpolitik" (s. o.) hervorbringt.

Auch nach Einführung des Gesetzes wurde und wird weiter Kritik in kriminologischen Fachzeitschriften geäußert. Der ehemalige Generalstaatsanwalt und Rechtswissenschaftler Heribert Ostendorf (2012) formuliert kurz nach der Einführung des Gesetztes seine deutliche Kritik: Er zeigt auf, dass die Vorgabe, Jugendliche mit dem Warnschussarrest aus ihrem Lebensumfeld mit schädlichen Einflüssen herauszunehmen, in Hinblick auf die maximale Dauer von vier Wochen unrealistisch sei (ebd., S. 609). Auch Ostendorf weist noch einmal auf die Probleme in der Zusammenarbeit mit der Bewährungshilfe hin, die der Warnschussarrest ja eigentlich verbessern sollte. Er argumentiert, dies gehe an der Realität vorbei, da die Bewährungshilfe den Probanden in der Regel in Freiheit besser zur Mitarbeit motivieren könne als in dem aufgezwungenen Arrestvollzug (ebd.). Auch weist er noch einmal darauf hin, dass die Arrestvollstreckung erst Wochen oder Monate nach dem Urteil liegen würde, die Bewährungshilfe aber direkt nach Rechtskraft des Urteils erfol-

gen sollte. Er argumentiert noch einmal mit der enormen Rückfallquote der Ju-
gendarrestant_innen von 70 % (ebd.). So decken sich die Argumente auch mit der
Erfahrung des nun sich in Anwendung befindenden Warnschussarrests.

Die Kriminolog_innen Gernbeck, Höffler und Verrel (2013) berichten in ihrem
Aufsatz „Der Warnschussarrest in der Praxis – Erste Eindrücke" von einer von
ihnen durchgeführten schriftlichen Umfrage unter den Landesjustizministerien zur
Anwendungspraxis des neuen Gesetzes. Diese habe ergeben, dass der Warnschussarrest in allen Bundesländern zentral in ein oder zwei Jugendarrestanstalten
vollstreckt werde (ebd., S. 309). Dies bedeutet, dass die Warnschussarrestant_innen
und Jugendarrestant_innen gemeinsam untergebracht seien, was die Gefahr der
„kriminellen Infektion" berge (ebd.). Der Bedarf für die Sanktionserweiterung werde regional sehr unterschiedlich eingeschätzt: Während in Bayern in den ersten
viereinhalb Monaten seit Einführung des Gesetzes bereits 28-mal davon Gebrauch
gemacht worden wäre, sei beispielsweise bis Juli 2013 in Sachsen und Bremen kein
einziges Mal ein Warnschussarrest verhängt worden (ebd., S. 310). Der Artikel
thematisiert im Folgenden den Verdacht, dass mit der häufigen Verhängung in
Bayern gegen Recht verstoßen worden sei, weil damit möglicherweise Personen
verurteilt worden seien, deren Tat vor der Einführung des Gesetzes begangen wurde (ebd., S. 311ff.).

Auch der Jurist Heiko Holste (2013) thematisiert die Praxis, mit dem Warnschussarrest Jugendliche zu verurteilen, deren Straftat vor der Einführung des Gesetzes lag, und geht ebenfalls davon aus, dass dies dem strafrechtlichen Rückwirkungsverbot widerspräche (ebd., S. 1). Holste spricht sich daher dafür aus, dass die
Betroffenen von diesen rechtsstaatlich nicht „einwandfrei" zustande gekommenen
Verurteilungen begnadigt werden sollten (ebd., S. 4).

Torsten Verrel (2013) weist in seinem Beitrag ebenfalls darauf hin, dass die Einführung des Warnschussarrests gegen „nahezu einhellig und seit langer Zeit von
der Jugendstrafrechtswissenschaft geäußerte Bedenken" erfolgt sei (ebd., S. 67).
Das Aufeinanderprallen von Wissenschaft und einer „deutlich repressiver gewor-
denen Kriminalpolitik" sei dabei typisch für die strafrechtlichen Reformen der
jüngsten Vergangenheit (ebd.).

Der Überblick über die kriminologische Debatte zeigt, mit welcher Einhelligkeit
der Warnschussarrest von Fachvertreter_innen abgelehnt wurde und wird. Vor und
nach der Einführung finden sich in kriminologischen Blättern quasi ausschließlich
ablehnende Beurteilungen. Somit drängt sich zum einen die Frage auf, wie es bei

dieser eindeutigen Kritik dennoch zur Einführung kommen konnte. Da dies offensichtlich nicht auf rational begründete Kriminalpolitik fußt, stellt sich besonders die Frage nach den sozialpsychologischen, das heißt unbewussten und affektiven Motiven hinter der Einführung. Zum anderen wird auch die Frage aufgeworfen, warum nicht in gleicher Einhelligkeit die Abschaffung des Jugendarrests gefordert wird. Dies muss verwundern, wenn doch gegen den Warnschussarrest zum Beispiel mit der hohen Rückfallquote und der Wirkungslosigkeit des Jugendarrests argumentiert wird.

Im Folgenden gehe ich diesen Fragen nach und versuche zuerst zu zeigen, wie es zur Ausweitung des Jugendarrests zum Warnschussarrest kommen konnte – u. a. durch einen Blick auf die medial-öffentliche Debatte um den Warnschussarrest.

2.2 Die Mediendebatte

Angesichts der Tatsache, dass die Erweiterung des Jugendarrests zum Warnschussarrest in der juristischen, kriminologischen Fachdebatte beinahe einhellig ablehnend beurteilt und als wenig sinnvoll, wirkungslos oder gar kontraproduktiv eingeschätzt wurde, stellt sich die Frage, wie der mediale Diskurs inhaltlich ausgestaltet war, der so wirkmächtig werden konnte, dass das Gesetz entgegen der deutlichen Expertise der Wissenschaft eingeführt wurde. Um diese Frage zu beantworten, werde ich im Folgenden einen Ausschnitt aus der Debatte mithilfe der Methode der Kritischen Diskursanalyse untersuchen.

2.2.1 Methodische Überlegungen: Kritische Diskursanalyse

Die Kritische Diskursanalyse (KDA) wurde maßgeblich von Siegfried Jäger und seinen Kolleg_innen vom Duisburger Institut für Sprach- und Sozialforschung (DISS) im Anschluss an Michel Foucault konzipiert.

Die Medienanalyse soll in dieser Arbeit lediglich die Funktion erfüllen, die kriminologische Fachdebatte zu kontrastieren und so eine Ahnung davon geben, auf welchen Prinzipien die Einführung bzw. Ausweitung einer solchen Disziplinartechnologie fußt und welche gesamtgesellschaftliche Funktion sie damit erfüllt. Daher werde ich im Folgenden keine umfängliche Diskurs- oder gar Dispositivanalyse im Jägerschen Sinne durchführen. Ich bediene mich im Folgenden lediglich einiger „Werkzeuge" aus der „Werkzeugkiste" der KDA (S. Jäger & Zimmermann, 2010) und verdichte die Methode für meine Fragestellung.

Anknüpfend an die späte Diskurskonzeption von Foucault, der den Begriff in seinem Schaffen nicht konstant verwendete und ihn erst in seinem Spätwerk stärker im Zusammenhang mit Macht dachte (vgl. Ruffing, 2010, S. 55), definiert Jäger „Diskurs" als „(...) rhyzomartig verzweigte(n) mäandernde(n) ‚Fluss von ‚Wissen' bzw. sozialen Wissensvorräten durch die Zeit', der durchaus auch einmal rückwärts fließen, Seen hinterlassen oder durchqueren kann, zeitweilig auch restlos versiegen kann, und (der) (…) die Vorgaben für die Subjektbildung und die Strukturierung und Gestaltung von Gesellschaften [schafft]" (M. Jäger & S. Jäger, 2007, S. 23). Diskurse tragen zur Formierung des Bewusstseins der Subjekte bei und können als „Produzenten gesellschaftlicher Wirklichkeit und sozio-kultureller Deutungsmuster" aufgefasst werden (S. Jäger & Zimmermann, 2010, S. 37).

Das Ziel der Kritischen Diskursanalyse ist es nicht, einfach die Diskurse wiederzugeben, sondern dabei auch vor allem die darin enthaltenen Ideologien zu entmystifizieren und das daraus entstehende Machtgefüge systematisch zu entlarven (vgl. Büttner, 2015, S. 158). Im Sinne der „systematischen Entlarvung" von Ideologien verstehe ich auch meine nachfolgende Analyse eines zentralen Medienartikels, der den Diskurs um den Warnschussarrest geprägt hat.

Der Einführung des Warnschussarrests ging eine intensive Polit- und Mediendebatte voraus, die vor allem zwei Höhepunkte hatte: zum einen während des hessischen Landtagswahlkampfes 2008, in dem die Debatte maßgeblich von Roland Koch geprägt wurde, der als Antwort auf Jugendgewalt u. a. die Einführung des Warnschussarrests forderte, und zum anderen im Mai 2011, als die Debatte durch die medial verbreiteten Ausschnitte einer Videoüberwachung einer Gewalttat in einer U-Bahnstation erneut ausgelöst wurde. Dies nutzten Politiker_innen und von den Medien als Expert_innen befragte Polizeifunktionäre, um die Forderung nach der Einführung des Warnschussarrests zu reformulieren. Ein bzw. vier Jahre vor dem Gesetzesbeschluss im Bundestag wurden also öffentlich die Weichen für das Gesetz gestellt und seine Einführung wurde ausgehandelt.

Auf dem Höhepunkt der Debatte im Jahr 2008 erschien in dem Magazin „Der Spiegel" die Titelgeschichte „Die Migration der Gewalt. Junge Männer: Die gefährlichste Spezies der Welt" (Bartsch et al., 2008). „Der Spiegel" findet Woche für Woche 6,13 Millionen Leser_innen („Der Spiegel in Zahlen", 2015). Aufgrund seines Einflusses auf die öffentliche Meinungsbildung wird die Zeitschrift oft als ein Leitmedium in Deutschland bezeichnet (Weischenberg et al., 2006).

Ich gehe davon aus, dass „Der Spiegel" als Leitmedium mit seinem Titelthema vier Jahre vor dem Beschluss des Gesetzes in Bundestag und Bundesrat den Diskurs maßgeblich mitgeprägt hat. Zudem finden sich in dem Text viele Übereinstimmungen mit anderen Artikeln deutscher Zeitungen zu dem Thema. Daher habe ich mich für die Analyse dieses Textes als Schlüsseltext entschieden und ihn im Folgenden einer „Feinanalyse" unterzogen. Ein einzelner Artikel bildet selbstverständlich nicht den Diskurs ab. Aber nur durch die Untersuchung des Besonderen, des einzelnen Textes kann etwas über das Wesen des Diskurses herausgefunden werden (vgl. Winter, 2013, S. 144).

Im folgenden Kapitel wird erst der Inhalt des Textes unter der Verwendung der in ihm selbst verwendeten Begriffe nacherzählt und dabei werden die argumentativen Ziele der Autor_innen herausgestellt (vgl. dazu S. Jäger, 2012, S. 101).

In einem weiteren Schritt werden dann die inhaltlich-ideologischen Aussagen des Textes geordnet und systematisch ideologiekritisch zusammengefasst.

2.2.2 Zusammenfassung des Artikels: Jung, männlich, Ausländer = gewalttätig

Der Artikel ist die Titelgeschichte der Ausgabe vom 7. Januar 2008. Auf dem Titelbild ist ein Gemälde eines oberkörperfreien Mannes, der eine Holzlatte in der Hand hält, abgebildet. Es soll – so die Hausmitteilung der Ausgabe – der Bibel folgend den ersten Mord der Menschheitsgeschichte darstellen. Bei dem Bild handelt es sich um einen Ausschnitt aus Bartolomeo Manfredis Gemälde „Kain tötet Abel" (um 1610). Die Titelgeschichte selbst ist fünfzehn Seiten lang und mit einer Reihe von Bildern flankiert.

Die Überschrift des Artikels lautet „Exempel des Bösen". In der Unterüberschrift heißt es: „Sie sind jung, männlich, chancenlos – und gefährlich: Der brutale Übergriff zweier Ausländer auf einen Pensionär hat eine hitzige Polit-Debatte über den Umgang mit kriminellen Migranten ausgelöst. Doch ist die Gewaltbereitschaft junger Männer auch angeboren?" (Bartsch et al., 2008, S. 20). Schon hier wird deutlich, welchen diskursiven Rahmen der Text hat und welches argumentative Ziel die Autor_innen verfolgen: Als Reaktion auf eine Gewalttat von Jugendlichen sollen zwei mögliche Erklärungsansätze angeboten werden: Entweder ist die Gewalt ein

Resultat des biologischen Geschlechts der Täter und ihres Alters oder ein Resultat ihrer Herkunft.

Der Artikel beginnt mit der Beschreibung der Gewalttat. Ein 30 Sekunden langes Video einer Überwachungskamera wird zusammengefasst. Zwei „dunkle Gestalten" (ebd.) würden hinter einen „Pensionär" herlaufen, ihn zu Boden schlagen und dann auf ihn eintreten (ebd.). Die Tat wird genau beschrieben: „Das blaue Bündel am Boden windet sich, zuckt. Ein Täter nimmt Anlauf, streckt ein Bein vor, springt auf das Opfer zu, kickt mit Schwung gegen dessen Kopf" (ebd.). Der Artikel ist hier bebildert mit einem großen Ausschnitt aus dem Überwachungsvideo, auf dem man genau den Moment zu erkennen scheint, in dem der Täter dem Opfer gegen den Kopf tritt.

Im Folgenden machen die Autor_innen klar, es handele sich bei der Tat keineswegs um eine Ausnahme, das Problem sei so „virulent" wie selten zuvor (ebd.). Dann geht der Artikel auf die beiden Täter ein, ein „junger Türke" und ein „17-jähriger Grieche". „Jung, männlich, Ausländer, gewaltbereit: Die kleinen Gangster werden zum Exempel des Bösen", so fassen die Autor_innen das Problem zusammen (ebd.).

Darauf aufbauend werden zwei Reaktionen aus der Politik wiedergegeben: der „populistische CDU-Wahlkämpfer" Roland Koch, der meint, Deutschland habe „zu viele junge kriminelle Ausländer" (ebd., S. 21), und „seine Kanzlerin" Angela Merkel, die meint, man müsse über „Erziehungscamps, Warnschussarrest oder Fahrverbot als Strafe" reden und „mehr Härte der Jugendrichter" verlangen (ebd.).

Die Autor_innen des Artikels bringen nun ihre zentrale These ein, dass die Ursachen des Problems das Alter und das Geschlecht der Täter seien. Wo immer es in der Geschichte einen „Überschuss unterbeschäftigter junger Männer" gegeben habe, sei die Gesellschaft in „Eroberungskriege, Terror und Verbrechen" verwickelt worden (ebd., S. 22). Zur Bekräftigung der These reihen die Autor_innen historische Beispiele von britischen Hooligans, Steine werfenden Palästinensern bis hin zu den „Schergen des Nazi-Regimes" aneinander. Auf den Seiten 20 und 21 sieht man dazu eine Bilderreihe von vier Bildern, die nebeneinandergereiht „Junge Militante (1996 in Liberia)", „Gewalttätige Palästinenser (2001 in Hebron)", „Deutsche Hooligans (2005 in Leipzig)" und „Junge Nazi-Schergen (an der Ostfront)" zeigen. Dass junge Männer grundsätzlich gefährlich seien, dafür sprächen Zahlen, könnte „so etwas wie ein Naturgesetz sein" (ebd.). Verstärkend dafür wird der Bremer „Konfliktforscher" Gunnar Heinsohn zitiert, der von einem „Jugendüberschuss" an

„zornigen Männern" spricht, die „voller Testosteron" seien, aber „ohne Aussicht auf einen sozialen Aufstieg" lebten. Dagegen würde nur die „demografische Abrüstung" helfen. Und zu der könne auch der Westen beitragen, indem er aufhöre, „die Kinderproduktion in Entwicklungs- und Krisenländern durch Hilfsmaßnahmen zu fördern" (ebd.).

Die Autor_innen führen weitere Beispiele von gewalttätigen Männern an und stellen nun zwei unterschiedliche Erklärungsansätze vor: Entweder sei das „Männerhormon Testosteron" verantwortlich und die Moderne schleppe „eine alte Bürde der Evolution" mit sich oder die Aggression sei ein erlerntes und tradiertes Muster. Nach kurzer Diskussion kommen sie schnell zu dem Schluss, dass die „ausufernde Wut im Leib" doch angeboren sei (ebd., S. 23).

Im Folgenden kommen die Autor_innen dann wieder auf ihre andere These zurück, dass das Problem nicht einfach nur ein Problem (aller) junger Männer sei, sondern auch etwas mit der Herkunft zu tun habe: In einem kritischen Punkt seien sich alle Experten einig: „Der Anteil der Ausländer an der Gesamtkriminalität" sei „weiter deutlich überproportional" (ebd., S. 26).

Die Autor_innen leiten dann über zu Möglichkeiten, gegen das so skizzierte Problem vorzugehen, indem sie fragen: „Werden Teile Deutschlands also über kurz oder lang unter dieses Gesetz der Straße fallen, können Macho-Kultur und Schlägerbanden das Land verändern?" Dann werden Roland Kochs Antworten vorgestellt. Der (damalige) hessische Ministerpräsident forderte in dieser Debatte einen „Sechs-Punkte-Plan" für „mehr Härte gegen jugendliche Straftäter", der, neben der Abschiebung von „ausländischen Straftätern", die zu mindestens einem Jahr Gefängnisstrafe verurteilt wurden, auch die Einführung des Warnschussarrests beinhaltete (ebd., S. 27). Koch kündigte an, den „härtesten Strafvollzug Deutschlands" führen zu wollen (ebd.).

Eine weitere Person, welche die Autor_innen als Experten zu Wort kommen lassen, ist der damalige Kölner Polizeipräsident Klaus Steffenhagen, der meint: „Die Jungs müssen in solchen Fällen die ganze Härte des Gesetzes spüren" (ebd., S. 28). Die Idee, die „gefährlichen jungen Männer" einfach wegsperren zu können, präge nicht nur die Wahlkampfparolen Roland Kochs: „Ob Verschärfung der Regeln über die Jugendstrafe, eine Verlängerung der Haftzeiten, vereinfachte Verhängung von Untersuchungshaft oder den schnellen Warnschussarrest (...), viele wünschen sich, die Jungs mit den archaischen Gewaltphantasien wegsperren zu können" (ebd., S. 33).

Als weitere Maßnahmen stellen die Autor_innen nun das Experiment „Leonberger Seehaus" vor. Die Erziehungsidee sei dort „so einfach wie überraschend":

> „Wenn man ohnehin nicht verhindern kann, dass Häftlinge eine Hierarchie untereinander aufbauen, dann sollte man die wenigstens positiv nutzen" (ebd., S. 34)

und

> „Wer sich danebenbenimmt, wird degradiert" (ebd.).

Ein weiteres Projekt, welches im Artikel vorgestellt wird, ist das „Boxcamp von Lothar Kannenberg". Dies wird wie folgt präsentiert: „Wenn einer Mist baut, bekommen es alle zu spüren. Dann kommen zu den täglichen mindestens 500 schnell noch einmal 100 Liegestütze dazu oder eine zweite Runde Barfuß-Tauziehen im Schnee" (ebd.).

Nachdem die Autor_innen das Problem auf diese Art skizziert haben, Herkunft und Geschlecht als Ursache dargelegt haben und Warnschussarrest und bestimmte Erziehungscamps als Lösungsmöglichkeiten vorgestellt haben, kommen sie zum Schluss des Artikels noch einmal zu ihrem Ausgangspunkt zurück, nämlich dazu, dass es sich bei den Vorfällen um eine „Migration der Gewalt" handele (ebd., S. 38). In Kinderhorten herrsche ein „babylonisches Sprachgewirr" und Jugendliche aus dem islamischen Raum machten „prägende Gewalterfahrungen in der Familie". Um „kinderreiche Ausländerfamilien" besser als bisher zu schützen, fordere der Kriminologe Pfeiffer „drastische Sanktionen" gegen „prügelnde Familienoberhäupter" (ebd.).

Der Artikel endet mit dem Hinweis, dass aus den USA schon schadenfreudige Blicke nach Europa kämen, weil man hier der „Einwanderung der gefährlichsten Spezies der Welt" noch immer mit dem „naiven Schnack vom Multikulturalismus" begegnen würde (ebd.).

2.2.3 Rassismus im Warnschussarrest-Diskurs

Die Gewalttat zweier Jugendlicher nehmen die Autor_innen der Spiegel-Titelgeschichte zum Anlass, um deren Migrationshintergrund zu betonen und darauf aufbauend einen generellen Zusammenhang zwischen kriminellem bzw. gewalttätigem Verhalten und „ausländischer Herkunft" zu konstruieren und das Bedrohungsszenario einer „Migration der Gewalt" zu entwerfen. Es sind Formulierungen wie die „dunklen Gestalten" (S. 20), „jung männlich, Ausländer, gewaltbereit" (ebd.), „brutaler Machismo" (S. 21), „ein Kulturkampf gegen etablierte christliche Werte" (ebd.), „babylonisches Sprachgewirr" (S. 38) usw., die im Sinne der KDA dabei auf ein „rassistisches Aussagengeflecht" verweisen (vgl. S. Jäger & Zimmermann, 2010, S. 36).

Eine rassistische Argumentationsfigur, die von den Autor_innen dabei immer wieder verwendet wird, erklärt den Umstand, dass die Täter nicht deutscher Herkunft sein sollen, zur Ursache der Tat. Dabei werden mögliche Wirkungszusammenhänge, welche den festgestellten „überproportionale Anteil der Ausländer an der Gesamtkriminalität" erklären könnten – wie ein bestimmter sozialer Status und die damit verbundenen Diskriminierungserfahrungen und geringeren Aussichten auf die Erfüllung kapitalistischer Anerkennungsversprechungen (wie z. B. sicherer und gut entlohnter Arbeitsverhältnisse) und die damit verbundenen narzisstischen Kränkungen sowie rassistische Gewalterfahrungen und/oder negativ Betroffen-Sein von institutionellem Rassismus –, gar nicht diskutiert, sondern naturalisiert und damit rassistisch verschleiert.

Der Artikel distanziert sich zwar zeitweise oberflächlich von den rassistischen Forderungen Roland Kochs, indem dieser als „Populist" bezeichnet wird (S. 21), macht sich aber letztlich doch mit seinen Positionen gemein, indem er seine Analyse teilt – dass die Herkunft der Täter die Ursache des Problems sei – und seine Antworten wie Abschiebungen und den Warnschussarrest als quasi einzig vernünftige Konsequenz darstellt.

Zum Ende lassen die Autor_innen noch Christian Pfeiffer zu Wort kommen, der in der Debatte die Kulturdifferenzthese vertritt, wonach muslimische Menschen grundsätzlich einer anderen, gewalttätigeren Kultur angehören würden und daher auch nur durch „drastische Sanktionen" durch den deutschen Staat davon abgebracht werden könnten. Der antimuslimische Rassismus geht in dem Artikel so weit, dass generell behauptet wird, dass Jugendliche „aus dem islamischen Raum" Gewalterfahrungen in ihren Familien machen würden.

Für die Autor_innen ist in der Debatte klar, dass das Problem der Jugendgewalt ein Problem von außen ist und Deutschland quasi dessen Opfer ist. So werden die Ursachenzusammenhänge der deutschen Gesellschaft verschleiert. Stattdessen betonen sie – das ist nicht nur die Überschrift des Artikels, sondern auch seine Hauptthese, auf welche die Autor_innen zum Schluss des Textes noch einmal zurückkommen –, dass es sich um eine „Migration der Gewalt" handele, also ein von außen herein migrierendes Problem. Im Fazit des Artikels wird das argumentative

Ziel der Autor_innen noch einmal deutlich, indem sie von der „Einwanderung der gefährlichsten Spezies der Welt" schreiben, welche nicht mit dem „naiven Schnack vom Multikulturalismus" abgetan werden dürfte (S. 38).

2.2.4 Geschlechterbiologismus im Warnschussarrest-Diskurs

Die zweite ideologische Grundlage des Textes ist der Geschlechterbiologismus. Der rassistischen Interpretation der Tat stellen die Autor_innen keinesfalls eine emanzipatorische Position gegenüber, sondern verschränken diese mit dem geschlechterbiologistischen Argument, wonach nicht ausschließlich die Herkunft der Täter zur Ursache der Tat gemacht wird, sondern auch deren Geschlecht. Wo immer es in der Geschichte einen „Überschuss" an „jungen Männern" gegeben hätte, sei es zu Gewalt gekommen. Dafür stellen die Autor_innen offensichtlich willkürlich ausgewählte und wesentlich unterschiedliche Phänomene gegenüber: von „gewalttätigen Palästinensern" und „deutschen Hooligans" bis zu „jungen Nazi-Schergen". Mit dieser Parallelisierung verharmlosen sie die NS-Verbrechen, die hier auf einmal zu einer Tat unter vielen verkommen, mit Fußballrandale auf eine Stufe gestellt werden und leichthin mit dem Geschlecht einiger der Täter_innen (v)erklärt werden.

Als hätte es in den letzten 50 Jahren keinen (wissenschaftlichen) Geschlechterdiskurs gegeben, führen die Autor_innen das von ihnen beobachtete stärkere aggressive Verhalten von Männern schlicht auf das „Männerhormon Testosteron" zurück und gehen explizit davon aus, aggressives Verhalten von Männern sei angeboren. Dies ist deswegen besonders fatal, weil tatsächlich umgekehrt genau in diesen geschlechternormierten Bildern eine Ursache für das aggressivere auffälligere Verhalten von Jungen und Männern zu finden ist (vgl. Müller, 2014). So ist dies weder Zufall noch Ausdruck von Natur und Biologie, sondern Resultat der geforderten männlichen Subjektkonstitution in männlich dominierten Gesellschaften (ebd., S. 15). Für Jungen ist es (wie umgekehrt für Mädchen auch) ein stets schmerzhafter Prozess mit der gesellschaftlichen Anforderung konfrontiert zu sein, eine irgendwie „reine", „klare" männliche Geschlechtsidentität annehmen zu müssen, denn dies bedeutet für sie alles, was als homoerotisch und weiblich gilt, von ihrer „Identität" abspalten zu müssen. Die so ausgelösten (Identitäts-)Krisen sind eine der Quellen aggressiven Verhaltens (ebd., S. 17). Wenn Jungen sich dabei mit hegemonialen

Männlichkeitsbildern identifizieren, ist gewaltvolles Verhalten quasi ein „normaler" Teil davon (ebd.). Genau diese Ursachen von aggressivem Verhalten verschleiern die Autor_innen mit ihren biologistischen Geschlechterbildern, da sie das aggressive Verhalten als dem Manne von Natur aus gegeben deuten.

Hinter der scheinbaren Autorität des „Konfliktforschers" Gunnar Heinsohn wird die biologistische Ideologie zur offenen Menschenverachtung gesteigert, indem die Position zitiert wird, man solle auf einen angeblichen Überschuss an „zornigen Männern" mit der „demografischen Abrüstung" reagieren und die Entwicklungshilfe in Krisenländern stoppen und so das Problem der „Migration der Gewalt" lösen, indem die vermeintlichen zukünftigen Täter in Armut zu Grunde gehen. Wieder distanzieren sich die Autor_innen oberflächlich, indem sie rhetorisch fragen, ob das purer Zynismus sei, bereiten einer solchen Position aber nicht nur das Forum, sondern auch die argumentative Basis.

2.2.5 Schockideologie im Warnschussarrest-Diskurs

Als Antwort auf das Problem vermeintlich zunehmender Jugendgewalt präsentieren die Autor_innen verschiedene schockideologisch motivierte Möglichkeiten wie den Warnschussarrest oder die Unterbringung in extrem autoritären Bootcamps.

Das beschriebene Kennzeichen der Schockideologie, dass mystisch „mehr Härte" gefordert wird, ohne Klärung, was damit genau gemeint ist, und vor allem ohne Überlegungen dazu, was genau die Folgewirkungen dieser „Härte" sind, findet sich in dem Artikel an vielen Stellen, etwa wenn die Autor_innen meinen, für „die Polizei" sei der aktuelle Vorfall Anlass, „mehr Härte der Jugendrichter" zu verlangen, oder wenn sie Koch damit zitieren, er wolle den „härtesten Strafvollzug Deutschlands" führen, und seinen „Sechs-Punkte-Plan" für „mehr Härte gegen jugendliche Straftäter" prominent vorstellen. Ebenso wenn ein regionaler „Polizeipräsident" mit der Aussage „Die Jungs müssen in solchen Fällen die ganze Härte des Gesetzes spüren" zu Wort kommen kann oder wenn der damalige Bundesinnenminister Schäuble im nebenstehenden Interview meint, man müsse „frühzeitiger härter zugreifen" (ebd., S. 32), wird die Schockideologie bedient. Der Begriff der „Härte" ist damit in dem Artikel fast schon omnipräsent, ohne dass an einer Stelle überhaupt erläutert wird, inwiefern es jugendlichen Gewalttätern an „harten" Erfahrungen fehle und wie diese heilsam seien. Über dieses sprachliche Phänomen hinaus ist

„mehr Härte" auch das Grundkonzept der vorgestellten Bootcamps wie des „Leonberger Seehauses" und des „Boxcamps von Lothar Kannenberg". Einrichtungen wie diese machen die Schockideologie zum Konzept, indem sie versprechen, eine möglichst „harte", das heißt dann beschämende, erniedrigende und gewaltvolle Erfahrung führe die Jugendlichen auf den „rechten Weg" zurück. Dabei ist sozialpsychologisch und psychoanalytisch-pädagogisch gedacht deutlich, dass tatsächlich das Gegenteil der Fall ist: Psychoanalytisch-pädagogische Ansätze zeigen, wie gewaltvolle Erfahrungen im Unbewussten verankert werden und durch gewaltvolles Verhalten wieder in Szene gesetzt und ausagiert werden (vgl. z. B. Göppel, 2002). Sozialpsychologisch ist anzunehmen, dass die „Härte" wieder zurück auf die Subjektkonstitutionen wirkt. Die Jungen, die diese „Härte", Autorität und Gewalt erfahren haben, nehmen sich danach folglich selbst als besonders „hart" wahr, was mit der Tendenz einhergehen kann, eigene Gefühle zu verdrängen, statt sie zu bearbeiten und innere Konflikte dann gewalttätig nach außen zu bringen.

Der Artikel ist hier besonders eindrücklich, indem er eine Gewalttat von zwei Jungen nutzt und entgegen dieser vergleichsweise geringen tatsächlichen Bedrohung für die Allgemeinheit ein massives Bedrohungsszenario entwirft, vor dem die Gesellschaft scheinbar völlig hilflos steht („Werden Teile Deutschlands also über kurz oder lang unter das Gesetz der Straße fallen (...)?"). Die mystisch geforderte „Härte" wirkt dabei affektiv offenbar vor allem gegen die eigene Hilflosigkeit: Mit einem harten Schock sollen die Täter der Hilflosigkeit ausgesetzt werden, unter der man selbst angesichts ihrer Taten steht.

Bei aller Vorsicht angesichts der ausschnitthaften Analyse des Mediendiskurses zeigt die Feinanalyse eines typischen Artikels doch deutlich, dass die Polit- und Mediendebatte vor der Einführung des Warnschussarrests in relevanten Teilen von Rassismus, Geschlechterbiologismus und Schockideologie geprägt war. Dieser Diskurs war offensichtlich wirksamer als die juristische und kriminologische Fachdebatte.

3. Die Folgewirkungen autoritärer Schockideologien – theoretische Annäherung

Die Perspektive der Betroffenen, die Fragen, wer eigentlich warum als Straftäter_in verfolgt wird und was eigentlich mit Jugendlichen passiert, die kurzzeitig eingesperrt werden, tauchen in dem Mediendiskurs nicht auf und spielen auch in der juristischen Debatte keine Rolle. Diesen Fragen will ich mich im Folgenden der Arbeit widmen, indem ich mich ihnen zuerst theoretisch nähere und ihnen dann empirisch nachgehe (Teil II).

3.1 Das Milieu der (Jugend-)Delinquenten

Dass die Idee des kurzzeitigen Einsperrens 14- bis 21-Jähriger so populär werden konnte und dass die schockideologischen, punitiven Disziplinartechniken so verbreitet werden konnten, ist nicht ohne die lange historische Entwicklung der verschiedenen Strafpraktiken zu verstehen. Foucault (2013, erstmals 1975) zeichnet in seinem Werk „Überwachen und Strafen" diese Entwicklungsgeschichte, an deren Ende es beinahe als normal erscheint, jugendliche Delinquenten für eine Zeit wegzusperren, nach. So zeigt er, wie die diesen Praktiken zugrundeliegenden Machtstrukturen, die uns gegenwärtig beinahe als unabänderbar erscheinen, historisch entstanden und variabel sind (vgl. Ruffing, 2010, S. 55). Die Methode, derer er sich dafür bedient, ist die vertikal-historische Herleitung von Macht- und Wissensformen und wird als „Genealogie" bezeichnet (ebd.). Foucault hat in „Überwachen und Strafen" eine vielfältige Auswahl an empirischem Material, von Protokollen von Foltermorden im 18. Jahrhundert bis hin zu Debatten über Gefängnisreformen im 19. Jahrhundert, zusammengefasst. Durch das Offenlegen der Diskurse und der Machtverhältnisse dahinter wird deutlich, wie und warum sich die gesellschaftlichen Praktiken von Hinrichtungen und Folter zu Gefängnissen als die am meisten praktizierte moderne Strafform entwickelt haben. Der simplen Annahme, es handele sich dabei um einen humanistischen Fortschritt der Aufklärung, widerspricht Foucault in seiner Analyse und zeigt, wie die Veränderungen stets der Herrschaftssicherung dienten. Das Gefängnis erfülle laut Foucault vor allem die Funktion, dass in ihm Wissen über die Menschen angehäuft werden könne. Man sperre die Delinquenten nicht nur ein, sondern beobachte sie auch. Dieses Wissen werde zum einen den Humanwissenschaften, die sich analog zu den neuen Strafpraktiken entwickelt hätten, zur Verfügung gestellt, zum anderen nutze der Staat sie weiter zur Überwachung und Verwaltung der Delinquenten. Hier wird Foucaults These eines Macht-Wissen-Komplexes deutlich, wonach es heute keine Macht ohne Wissen gebe und kein Wissen ohne Macht (vgl. Foucault, 2013, S. 39). Macht bzw. Herrschaft entstehe heute durch Wissen, welches sich durchsetze, und nicht mehr durch direkte Gewalt staatlicher Autoritäten.

Um dieses Wissen in den Gefängnissen zu akquirieren, würden die Insass_innen permanent untersucht und überwacht werden. Das Panoptikum ist für Foucault die architektonische Gestalt dieses Prinzips: Es ermögliche jederzeit zu sehen, zu beobachten, ohne selbst gesehen zu werden. Der Insasse bzw. die Insassin könne nie wissen, ob er bzw. sie gerade beobachtet wird oder nicht. Die Macht sei sichtbar, aber uneinsehbar. Das mache sie so effektiv. Der Insasse bzw. die Insassin sei stets „Objekt einer Information, niemals Subjekt einer Kommunikation" (ebd., S. 257). Dieses Überwachungsprinzip, welches in den Gefängnissen in Reinform zu finden sei, sei ein Kennzeichen der gesamten modernen Gesellschaft, die Foucault daher Disziplinargesellschaft nennt. Die Disziplin sei eine spezifische Machttechnik, die alle Bereiche des Lebens und vor allem die Individuen und ihre Körper durchdringe. Sie regele das Leben in den Fabriken, den Krankenhäusern und den Schulen. Sie nehme Einfluss auf die Körper und schaffe ein enges Zeitregime. Dieses Durchdringen der Herrschaft durch alle Bereiche und durch die Individuen hindurch nennt Foucault die Mikrophysik der Macht.

Ohne direkte Gewaltmittel werde so sichergestellt, dass der Verurteilte sich gut verhält, der „Wahnsinnige" Ruhe gibt, der Arbeiter arbeitet, der Schüler eifrig lernt, der Kranke die Anordnungen befolgt usw. Denn er müsse immer damit rechnen, beobachtet, beurteilt und bewertet zu werden.

> „Derjenige, welcher der Sichtbarkeit unterworfen ist und dies weiß, übernimmt die Zwangsmittel der Macht und spielt sie gegen sich selber aus; er internalisiert das Machtverhältnis, in welchem er gleichzeitig beide Rollen spielt; er wird zum Prinzip seiner eigenen Unterwerfung" (ebd., S. 260).

Deshalb könne die Macht auf direkte Gewalt zur Herrschaft verzichten.

Das Gefängnis selbst – als Ort, in dem direkt staatliche Gewalt ausgeübt wird – scheint zum einen die Funktion zu erfüllen, diejenigen, welche die Herrschaft nicht ausreichend internalisiert haben, zu sanktionieren und zum anderen durch seine bloße Existenz bei anderen zur Internalisierung der Herrschaft beizutragen. Oder psychoanalytisch ausgedrückt: Das Über-Ich hält von Straftaten ab, weil verinnerlicht wurde, dass, wenn die innere Sanktion nicht funktioniert, die äußere droht.

In einem ist Foucaults Analyse unmissverständlich: Das Gefängnis wirkt nicht (so wie es vorgeblich soll). Man kenne alle Nachteile des Gefängnisses, dass es gefährlich, gar nutzlos sei (ebd., S. 296). Vor allem stellt er zum Ende seiner Analyse fest: „Die Gefängnisse tragen nicht zur Verminderung der Kriminalität bei: wie sehr man sie auch ausbaut, vervielfacht oder reformiert, die Zahl der Verbrechen und der Verbrecher bleibt stabil oder steigt sogar" (ebd., S. 341). Diese Kritik am Gefängnis sei seit langem bekannt und wiederhole sich immer wieder: Seit 150 Jahren werde die Erfolglosigkeit des Gefängnisses proklamiert und trotzdem immer am Gefängnis festgehalten (ebd., S. 350).

Foucaults Diagnose trifft auch auf die aktuelle Situation bezüglich des Warnschussarrests und Jugendarrests zu. Auch hier ist längst bekannt und wissenschaftlich häufig dargelegt, dass die Sanktionen nicht das halten, was sie versprechen, dass sie niemanden von zukünftigen Straftaten abhalten, im Gegenteil, dass der Aufenthalt in einer Jugendarrestanstalt es wahrscheinlich macht, dass der oder die Betroffene wieder straffällig wird.

Foucault gibt eine klare Antwort darauf, warum dies so sei, und argumentiert, vielleicht sei das Nicht-Funktionieren des Gefängnisses die eigentlich Funktion des Gefängnisses. Demnach wären der „Fortbestand der Delinquenz, Rückfälligkeit, Umwandlung des Gelegenheitstäters in einen Gewohnheitsdelinquenten, Organisation eines geschlossenen Delinquentenmilieus" (ebd.) keine negativen Nebeneffekte, sondern die eigentlichen Aufgaben der Gefängnisse.

Nach Foucault sind die Strafmittel nicht dazu bestimmt, Straftaten zu unterdrücken, sondern „sie zu differenzieren, sie zu ordnen, sie nutzbar zu machen" (ebd., S. 351). Die Strafjustiz sei dann so etwas wie „die Verwaltung der Gesetzwidrigkeiten" (ebd.). In diesem Zusammenhang benutzt Foucault auch den Begriff der „Klassenjustiz", weil „die von der Justiz durchgesetzte Klassierung der Gesetzwidrigkeiten Herrschaftsmechanismen unterstützt" (ebd.).

Dieses Fazit zieht Foucault unter seine historische Analyse. Diese hatte zuvor schon gezeigt, wie durch neue Rechtsformen im Kontext des modernen Kapitalismus und der darin geltenden Eigentumsgesetze, strengere Reglementierungen und Anforderungen des Staates und vor allem durch die strafferen Überwachungstechniken Individuen zu Rechtsbrecher_innen werden, die unter anderen Bedingungen nicht kriminell geworden wären (vgl. ebd., S. 354). Eine Folge davon – die deutlich bis heute andauere – sei gewesen, dass die Kriminellen, „die man einst in allen ge-sellschaftlichen Klassen fand, jetzt fast alle aus dem letzten Rang der gesellschaft-lichen Ordnung hervorgehen" würden (ebd., S. 355).

Buré zitierend fährt Foucault fort, dass es „unter diesen Bedingungen Heuchelei oder Naivität wäre zu glauben, dass das Gesetz für alle im Namen aller geschaffen" sei und dass „es klüger ist anzuerkennen, dass es von einigen gemacht ist und auf andere anzuwenden ist, dass es zwar im Prinzip alle Bürger verpflichtet, sich aber in erster Linie an die zahlenmäßig stärksten und am wenigsten aufgeklärten Klas-sen richtet; dass die politischen und bürgerlichen Gesetze zwar für alle gleich sind, nicht aber ihre Anwendung (...)" (ebd., S. 355).

Unter diesen Vorzeichen scheitert das Gefängnis eben nicht. Denn seine Aufgaben sind nicht die Verhinderung von Verbrechen, der Schutz der Bevölkerung oder die Resozialisierung von Verbrecher_innen. Wären sie dies, könnte man die völlige Unfähigkeit, diese Ziele zu erreichen, nicht ignorieren. Die Aufgabe der Strafjustiz und speziell der Gefängnisse sei die Herstellung eines Milieus von Delinquenten als ein „relativ geschlossenes, aber nicht undurchdringliches Milieu" (ebd., S. 356). Es diene der Differenzierung, Ordnung und Kontrolle der Gesetzwidrigkeiten.

Dem Gefängnis gelinge es so, Delinquenz als einen „spezifischen, politisch und wirtschaftlich weniger gefährlichen und sogar nützlichen Typ von Gesetzwidrigkeit zu produzieren; es ist ihm gelungen, die Delinquenz als ein anscheinend an den Rand gedrängtes, tatsächlich aber zentral kontrolliertes Milieu zu produzieren; es ist ihm gelungen, den Delinquenten als pathologisches Subjekt zu produzieren" (ebd., S. 357). Das seien die Aufgabe und der Erfolg des Gefängnisses (ebd.).

Im Anschluss daran lässt sich argumentieren, dass auch der Jugendarrest nicht dazu da ist, Jugendliche von zukünftigen Straftaten abzuhalten, sondern ein bestimmtes Milieu zu schaffen, zu beobachten, zu kontrollieren und zu verwalten. Die aktuel-len Debatten um Jugendgewalt haben dann die Funktion, Kontrolle, Zwang und Disziplinierung erneut zu mobilisieren (vgl. dazu Hußmann, 2015, S. 23). Im Foucaultschen Sinne ist dies nicht verschwörungstheoretisch darauf zurückzufüh-ren, dass irgendwo einzelne Machthaber_innen sitzen und ganz bewusst planen, ju-gendliche Delinquenten zu schaffen und einzusperren, um sie zu kontrollieren. Die-se Praktiken beruhen, wie Foucaults Analyse zeigt, auf historisch gewachsenen Machtstrukturen, die funktionieren, weil sie uns ohne bewusste Hinterfragung als normal erscheinen.

Dazu passt, dass diejenigen, die zum Jugendarrest verurteilt werden, quasi ausschließlich aus einem bestimmten Milieu kommen. Das Statistische Bundesamt erhebt zwar keine Zahlen darüber, wie viel Prozent der Arrestant_innen einen „Migrationshintergrund" haben oder aus sozioökonomisch benachteiligten Verhältnissen kommen, in sozialpädagogischen und kriminologischen Publikationen wird aber immer wieder darauf hingewiesen, dass Arrestant_innen wie jugendliche Delinquenten allgemein vor allem aus einem (sozioökonomisch) benachteiligtem Milieu kommen (vgl. z. B. Hußmann, 2015; Vogel, 2015; Walkenhorst, 2015).

Diese Tatsache verschärfte sich in den letzten Jahren unter den Bedingungen des Neoliberalismus, wie Loïc Wacquant (2009; 2000) in seinen Analysen zeigt. Der Staat ziehe sich immer stärker aus dem Sozialen (aus Bereichen wie Schule, Bildung, soziale Arbeit, Jugendarbeit, Sozialhilfe usw.) zurück und verfolge und bestrafe gleichzeitig die daraus entstehende Kriminalität nach dem „Null-Toleranz-Prinzip" (Wacquant, 2000, S. 21). Die Ausweitung des Jugendarrests zum Warnschussarrest erfolgte auch unter den Vorzeichen dieser gesamtgesellschaftlichen Prozesse. Auch Wacquant ist klar, dass das Einsperren der Jugendlichen nichts an der tatsächlichen Problematik verändert:

> „Wer kann schon ernsthaft der Meinung sein, die Inhaftierung einiger hundert Jugendlicher mehr (oder weniger) würde auch nur im geringsten die eigentliche Problematik beeinflussen, die man sich standhaft zu benennen weigert: nämlich die Vertiefung von Ungleichheit und die Verallgemeinerung der Unsicherheiten auf dem Arbeitsmarkt und im sozialen Bereich, die durch eine Politik der Deregulierung und den Rückzug des Staates aus wirtschaftlichen und städtischen Bereichen verursacht sind?" (ebd., S. 60).

Was Wacquant allerdings vor allem dem Neoliberalismus zurechnet, ist ein schon viel länger als seit dem Postfordismus bestehendes Phänomen. Das zeigt Foucaults Analyse, aber auch die Texte des Juristen und späteren Professors für Sozialpädagogik und Jugendrecht an der Goethe-Universität Frankfurt Berthold Simonsohn. Er richtete schon in den 1960er und 1970er-Jahren den Blick auf die vom Jugendstrafrecht negativ Betroffenen einerseits und den Ruf nach „härteren" Strafen andererseits. Simonsohn, „der wie kaum ein anderer die Brücke zwischen der kritischen Sozial- und Erziehungswissenschaft der unglücklichen Weimarer Republik und einer neuen, jetzt nicht mehr geisteswissenschaftlich verschwurbelten, sondern sozialwissenschaftlich, ja psychoanalytisch aufgeklärten Pädagogik geschlagen hat" (Brumlik, 2012, S. 1f.), entwirft seine Kernthese, die im Einklang mit Wacquant steht, dass Sozialpolitik an die Stelle von Kriminalpolitik treten müsste, in Anlehnung an Fritz Bauer, Franz v. Liszt und Gustav Radbruch (vgl. Simonsohn, 1970). Das Strafrecht habe die fragwürdige Aufgabe, gegen den Verbrecher das nachzuholen, was die Sozialpolitik für ihn versäumt habe (ebd., S. 261).

Simonsohn formuliert dabei eine engagierte Gegenrede zu auch zu seiner Zeit kursierenden Schockideologien (wenn er auch diesen Begriff nicht verwendet). Dabei kritisiert er, dass besonders in dem Milieu, aus dem vom Jugendstrafrecht negativ Betroffene am häufigsten kommen würden, „der Ruf nach strengem und hartem Durchgreifen" ertöne (Simonsohn, 1970, S. 262). Es bestände besonders auch dort eine Ablehnung gegen alle Bemühungen, an das Problem der Jugendstraffälligkeit mit „Methoden heranzugehen, die den Anspruch jedes, auch jedes noch so jungen Menschen, auf freie Entfaltung seiner Persönlichkeit und Menschenwürde, sein Recht auf Hilfe und Erziehung ernst nehmen" (ebd., S. 262). Daher, meint Simonsohn, sei es unbedingt notwendig, auch in dem Arbeiter_innen-Milieu Aufklärungs- und Bildungsarbeit gegen diese autoritäre Ideologie zu machen, um so „der Auffassung zum Durchbruch zu verhelfen, dass nicht die verwahrloste Jugend die Gesellschaft bedroht, sondern die Gesellschaft die Jugend mit Verwahrlosung" (ebd.).

Dass sich diese Auffassung bis heute gesamtgesellschaftlich nicht durchgesetzt hat, zeigt nicht nur die Einführung des Warnschussarrests an sich, sondern, wie dargelegt, auch der öffentliche Diskurs darum, der ein massives Bedrohungsszenario der Gefahr, die von Jugendlichen ausginge, entwarf, statt zu überlegen, unter welchen Bedingungen Jugendliche leiden müssen, dass sie zu so brutalen Taten fähig waren. Simonsohn versteht dagegen die gesamtgesellschaftlichen Ursachen der Jugenddelinquenz und führt aus, wie die „Gewaltlosigkeit und Bindungslosigkeit bei Teilen der jungen Generation" mit der Entwicklung der Gesellschaftsstruktur im Zusammenhang stehen (vgl. ebd., S. 261f.). Gleichzeitig betont er immer wieder, dass strafbare Handlungen von Jugendlichen nur ein Symptom für deren individuelles spezifisches Leiden seien (vgl. ebd., S. 264). Konsequenterweise ist Simonsohn damit auch klar, dass jugendliche Straftäter_innen keine Strafe benötigten, sondern pädagogische-psychologische Hilfe. So schreibt Simonsohn von der „Sinnlosigkeit des Strafvollzugs" und stellt – wieder in Anlehnung an Liszt – fest, dass mit jeder neuen Verurteilung ein Jugendlicher erst recht auf den Weg der Kriminalität gestoßen werde (ebd., S. 263).

In dem hier zitierten Aufsatz äußert sich Simonsohn auch direkt zum Jugendarrest und fordert dessen Abschaffung (ebd., S. 265). Stattdessen schlägt er Erziehungskurse vor, die nach Möglichkeit auf freiwilliger Teilnahme beruhen sollten und die als „pädagogisch-therapeutische Übungs- und Selbsterfahrungskurse" ausgestaltet werden sollten, in denen mittels gruppendynamischer Prozesse die Bedingungen des Verhaltens geändert werden sollten und die mittels Durcharbeitung der Konflikte zu konstruktiven Einsichten und Problemlösungen führen sollten (ebd.).

Bis heute besteht der Jugendarrest dagegen fort und wurde nun noch ausgeweitet. Und wie in den 1970er-Jahren sind es nach wie vor die „Unterschichtsjugendlichen" – also vielfältig benachteiligte Jugendliche –, die in die Jugendarrestanstalten kommen und die so das Milieu der (Jugend-)Delinquenten bilden (vgl. z. B. Hußmann, 2015).

Dies ist auch insofern bemerkenswert, als dass Jugendkriminalität ubiquitär ist, d. h., sie betrifft fast alle Jugendlichen, und sie ist transitorisch, also meist ein vorübergehendes und sich selbst „erledigendes" Phänomen im Lebenslauf (Dollinger & Schmidt-Semisch, 2011, S. 11; Schrapper, 2015, S. 17). Jugendkriminalität ist zudem nicht nur statistisch, sondern auch entwicklungspsychologisch „normal" und eine allgemein verbreitete Erscheinung und zwar unabhängig von sozialer Herkunft und Bildungsniveau (Goldberg & Trenczek, 2014, S. 268). Trotzdem landen im Jugendarrest quasi nur Jugendliche aus benachteiligten Milieus. Dies liegt zum einen daran, dass Armut ein Risikofaktor ist, der Kriminalität auslöst, und zum anderen daran, dass Strafverfolgungsbehörden deklassierte Milieus kriminalisieren (vgl. Hußmann, 2015, S. 24ff.). Da in den Debatten um „Jugendkriminalität" aber nicht zum Kritikpunkt gemacht wird, dass es Armut gibt und wie Jugendliche darunter leiden, sondern eine Konzentration auf Taten und Täter_innen stattfindet, werden die gesamtgesellschaftlichen Zusammenhänge verschleiert und gesellschaftlich verursachte Probleme individualisiert und entpolitisiert (ebd., S. 34). So wird das Wissen darüber, dass sozioökonomische Benachteiligung eine strafrechtliche Sanktionierung wahrscheinlicher macht, nicht dafür genutzt, die sozioökonomischen Verhältnisse zu kritisieren, sondern genutzt, um Kriminalitätsprognosen zu erstellen und „Kontroll-Wissen" zu nutzen, um Jugendliche aus solchen Milieus mit besonderer Aufmerksamkeit zu überwachen und zu strafen (ebd., S. 35).

So wird das Milieu der (Jugend-)Delinquenten geschaffen und aufrechterhalten. Je benachteiligter das Milieu, aus dem jemand kommt, umso „härter" sind die Strafen, mit denen sein Verhalten sanktioniert wird. Und je „härter" die Strafen sind, die jemandem auferlegt werden, umso wahrscheinlicher sind der Rückfall und somit die „kriminelle Karriere". Schockideologien verschleiern die strukturellen Ursachen dafür und mobilisieren weiter für die „harte" Bestrafung der Benachteiligten und damit für die Aufrechterhaltung des Milieus der (Jugend-)Delinquenten.

3.2 Totale Institution Jugendarrestanstalt – und die subjektiven Folgen?

Nachdem ich gezeigt habe, wer warum in die Jugendarrestanstalten kommt, will ich mich nun der Frage nähern, was mit den Jugendlichen dort drinnen passiert. Jugendarrestanstalten sind „totale Institutionen". Dieser Begriff wurde von Erving Goffman in seinem Werk „Asyle" eingeführt (Goffman, 2014, erstmals 1972). Ein Kennzeichen der sozialen Ordnung moderner Gesellschaften sei es, dass man in diesen an verschiedenen Orten schlafe, spiele und arbeite und „dies mit wechselnden Partnern, unter verschiedenen Autoritäten und ohne einen umfassenden rationalen Plan" (ebd., S. 17). Ein zentrales Merkmal „totaler Institutionen" sei es, dass diese Ordnung in ihnen aufgelöst sei und alle Aktivitäten an einem Ort, unter derselben Autorität stattfinden würden (ebd.). Goffman untersuchte die Kennzeichen „totaler Institutionen" in den 1970er-Jahren an den Beispielen Psychiatrie und Gefängnis. In den meisten Punkten lassen sich die von ihm beschriebenen Bedingungen des Lebens in „totalen Institutionen" auf heutige Jugendarrestanstalten übertragen. So sind auch in JAA alle Phasen des Tages exakt eingeteilt und geplant und die verschiedenen Tätigkeiten folgen einem rationalen Plan, der dazu dienen soll, die offiziellen Ziele der Institution zu erreichen (vgl. ebd., S. 17). Dabei findet eine permanente Überwachung der Einhaltung dieses Ablaufes statt (vgl. ebd., S. 18). Es gibt die fundamentale Trennung zwischen den „Insassen" und dem „Aufsichtspersonal", wobei sich beide Gruppen durch „die Brille enger, feindseliger Stereotypien" sehen (ebd., S. 19) und die eine Gruppe das Recht auf ihrer Seite glaubt und die andere Gruppe sich potentiell schuldig fühlt (ebd.). Für die Gruppe der Insass_innen gilt dabei ein beschränkter Kontakt mit der Außenwelt (vgl. ebd., S. 18). In der von mir besuchten JAA durften die Arrestanten nicht telefonieren, hatten keinen Zugang zu Internet und mobiler Kommunikation. Nur in Ausnahmefällen, etwa, um sich von einem offiziellen Termin abzumelden, durften die Arrestanten bei der Anstaltsleitung einen schriftlichen Antrag stellen und darum bitten, telefonieren zu dürfen.

Die soziologische Analyse von Goffman lässt schon erahnen, wie es den Subjekten geht, die als Insassen in eine „totale Institution" kommen, und welche Folgewirkungen dies für sie hat.

Wer in eine Jugendarrestanstalt kommt, muss für den Zeitraum von bis zu vier Wochen nicht nur sein Recht auf Freiheit aufgeben. Vieles, was er gewöhnt ist, selbstständig zu entscheiden, und was ihn (zum autonom handelnden) Subjekt macht, muss er für die Zeit in der Arrestanstalt aufgeben. Goffman betont, dass es Kleinigkeiten seien, welche die Integrität des Einzelnen verletzen würden, wie die Wegnahme des Eigentums (ebd., S. 29) und der Zwang, um Kleinigkeiten wie Feuer für eine Zigarette oder das Telefon benutzen zu dürfen, bitten, betteln oder gar demütig nachsuchen zu müssen (ebd., S. 32), oder gezwungen zu sein, Speisen zu essen, die für ihn fremd sind (ebd., S. 39). Vor allem verunmöglicht ein Gefängnis wie eine Jugendarrestanstalt, Handlungen als Angelegenheiten persönlichen Geschmacks zu behandeln, zum Beispiel eine Mahlzeit ein paar Minuten aufzuschieben, um eine Arbeit noch zu vollenden (ebd., S. 45). Es gibt für die Insassen keine Möglichkeit, den genau vorgegebenen Tagesablauf individuell umzugestalten.

Weigert sich ein Arrestant, sich diesem strikten Tagesregime zu unterwerfen, gibt es dafür festgelegte direkte Strafen. In der Regel wird dann der „Einschluss" verhängt. Das bedeutet, dass der Betroffene dann 23 Stunden am Stück allein in seiner Zelle verbringen muss und diese nur für eine Stunde am Tag verlassen darf. Dies kann auch schon verhängt werden, wenn sich ein Justizmitarbeiter oder eine Justizmitarbeiterin von einem Arrestanten beleidigt fühlt.

Goffman macht klar, dass diese Zustände dazu führen, dass die Betroffenen zeitweilig unfähig gemacht werden, mit bestimmten Gegebenheiten der Außenwelt fertig zu werden, wenn sie hinausgelangen (ebd., S. 24). Sie würden – so Goffman anknüpfend an sein interaktionstheoretisches Hauptwerk (Goffman, 2003, erstmals 1959) – ihre „Rollen", die sie draußen zu spielen gewohnt waren, verlieren und obwohl sie, wenn sie zurückkehren, die eigenen Rollen reetablieren könnten, liege es auf der Hand, dass andere Verluste unwiderruflich seien und als solche schmerzhaft erfahren würden (ebd., S. 26).

Inwieweit dies auch auf das kurzzeitige Eingesperrt-Sein von bis zu vier Wochen zutrifft, ist ungeklärt und soll im folgenden empirischen Teil gezeigt werden (Teil II). Dennoch wird auch schon mit Goffmans Ansatz deutlich, dass der Aufenthalt in einer „totalen Institution" unausweichlich mit einer Reihe von Erniedrigungen, Degradierungen, Demütigungen und Entwürdigungen des Ichs verbunden ist (vgl.

ebd., S. 25), also einen Angriff auf das eigene Ich/Selbst bedeutet. Und er zeigt, wie sich der Insasse bzw. die Insassin verändert, weil er bzw. sie sich notwendigerweise an die Bedingungen seiner bzw. ihrer Umgebung anpasst, und wie dies dazu führt, dass er bzw. sie Angst vor dem „Draußen" entwickelt und sich dort (zeitweise) nicht mehr zurechtfindet.

Die Beschädigung des Ichs, der „Identität" und der Autonomie von Gefängnisinsass_innen ist bei Jugendlichen besonders gefährlich, weil der Erwerb von Autonomie und die Konstruktion und Festigung einer eigenen „Identität" zu den zentralen Entwicklungsaufgaben in der Adoleszenz gehören (vgl. Erikson, 2003, erstmals 1966). Die Adoleszenz ist der gesellschaftlich institutionalisierte Lebensabschnitt für die Orientierungsphase (Nohl, 2005, S. 77). In dieser Phase werden Jugendliche mit der gesellschaftlich widersprüchlichen Anforderung konfrontiert, eine scheinbar individuelle Identität auszubilden (Erikson, 2003, S. 112) und dabei gleichzeitig gesellschaftlich verlangten Idealen und Leitbildern gerecht werden zu müssen (ebd., S. 106). Hosser und Greve (2001, S. 4) berichten in diesem Zusammenhang von der Gefahr, dass jugendliche Inhaftierte durch den Aufenthalt im Gefängnis ein „negatives Selbstbild (als Verlierer oder Ausgestoßener oder Krimineller)" ausbilden, was einen Risikofaktor für die Entwicklung psychischer Störungen darstelle und auch zu einer weiteren Verfestigung delinquenter Einstellungen und Verhaltensweisen beitragen könne (ebd., S. 5).

Zur Frage, was die soziologische Analyse von Goffman über die „totale Institution" darüber hinaus subjektiv, psychisch für die Inhaftierten bedeutet und vor allem für Jugendliche Kurzzeit-Inhaftierte, die nur einige Tage oder Wochen eingesperrt sind, liegen vielfältige Forschungsdesiderate vor. Im Folgenden (Teil II) werde ich mithilfe von Gesprächen, die ich mit Jugendarrestanten geführt habe, versuchen, mögliche Antworten dazu aufzuzeigen.

Teil II: Haftschaden. Empirische Untersuchung

4. Methodische Zugänge zu subjektiven Folgewirkungen

Ziel dieses Teils der Arbeit ist es, die theoretischen Bestimmungen des ersten Teils über Gefängnisse, „totale Institutionen" und den Jugendarrest mithilfe einer empirischen qualitativen Untersuchung zu überprüfen und zu veranschaulichen. Außerdem soll damit eine Perspektive auf die subjektiven Folgewirkungen für die vom Jugendarrest Betroffenen gewonnen werden. Zuerst begründe ich dafür im Folgenden mein methodisches Vorgehen (4.1 und 4.2) und stelle dann drei Einzelfälle vor (5.1, 5.2 und 5.3). Am Ende des zweiten Teils werden die Ergebnisse zusammengefasst und mit den theoretischen Ergebnissen des ersten Teils in Verbindung gebracht (5.4).

4.1 Methodische Überlegungen: Narrative verstehende Interviews

Interviews gehören zu den meist verwendeten Methoden der qualitativen Sozialforschung. Dies kann nicht verwundern, ist es doch vor allem Sprache, mithilfe derer wir unsere spezifischen Lebenswelten konstruieren und mithilfe derer wir uns primär über sie verständigen. Will man aus forschender Perspektive diese individuellen „Ansichten der Welt" erheben und verstehen, kommt man nicht darum herum, darüber mit Menschen zu reden (vgl. Friebertshäuser & Langer, 2013, S. 437). Es gibt inzwischen eine Vielzahl verschiedener qualitativer Interviewmethoden (für einen Überblick vgl. Flick et al., 2013; Friebertshäuser et al., 2013), die teilweise schwer voneinander abzugrenzen sind. Für meine Gespräche mit den Arrestanten habe ich mich hauptsächlich an zwei Interviewformen orientiert: dem von Fritz Schütze entwickelten „narrativen Interview" (vgl. Küsters, 2009; Schütze, 1977) und dem von Jean-Claude Kaufmann konzipierten „verstehenden Interview" (vgl. Bourdieu, 2002; Kaufmann, 1999).

Am Modell des „narrativen Interviews" überzeugt mich vor allem die Form der erzählgenerierenden Einstiegsfrage. Das weitere Vorgehen, Nachfragen ausschließlich immanent, an die Anfangserzählung logisch anknüpfend zu stellen (vgl. Küsters, 2009, S. 61), finde ich prinzipiell sinnvoll. Bei den interviewten Arrestanten erwartete ich aber aufgrund ihres tendenziell geringen (inkorporierten) kulturellen

Kapitals (vgl. Bourdieu, 2011, erstmals 1979) nur sehr kurze Einstiegserzählungen. Daher hatte ich dem Modell des „verstehenden Interviews" folgend einen Leitfaden im Hinterkopf. Am „verstehenden Interview" finde ich außerdem die Überlegungen zur Haltung der Interviewer_innen überzeugend, auf die ich im Folgenden noch eingehen werde. So ist es zu einer Mischform aus den beiden Interviewformen gekommen.

Konkret bin ich wie folgt vorgegangen: Durch eine ausführliche Vorstellung von mir, in der ich den Arrestanten erzählte, wer ich bin und warum ich nun diese Interviews führe, versuchte ich, eine möglichst haltende, vertrauensvolle Atmosphäre herzustellen. Dies geschah vor allem auch dadurch, dass ich vor den Arrestanten, zusätzlich zur Erklärung der Anonymisierung, explizit betonte, dass ich nicht mit der Polizei, dem Gericht oder der Arrestanstalt zusammenarbeite und an diese auch keine Inhalte aus den Gesprächen weitergebe.

Das Interview begann dann mit einer offenen, erzählgenerierenden Einstiegsfrage, die angelehnt an Küsters (2009, S. 44) formuliert wurde.

> Ich interessiere mich also für die Erfahrungen von Jugendlichen, die zum Jugendarrest verurteilt worden sind. Ich würde mich freuen, wenn du mir erzählen würdest, wie es dazu gekommen ist, dass du hier bist, und vor allem, wie es dir jetzt hier geht und was du glaubst, was sich dadurch ändert, dass du hier bist. Du kannst dir dafür so viel Zeit nehmen, wie du möchtest. Ich werde dich auch erst mal nicht unterbrechen, mir nur einige Notizen zu Fragen machen, auf die ich später dann noch eingehen werde. Ich werde jetzt ruhig zuhören und deine Erzählung nicht unterbrechen.

Den daraufhin begonnenen Erzählungen hörte ich aktiv zu, das heißt, ich bekundete mein Interesse und Verständnis z. B. durch Kopfnicken oder zustimmendes „Mhm". Erst danach stellte ich Fragen, die sich für mich aus den Erzählungen ergaben. Im Hinterkopf hatte ich dabei, wie von Kaufmann (1999, S. 65) angeregt, einen Leitfaden als flexible Orientierungshilfe, um den Redefluss des Interviewten noch einmal zu bestimmten Themenfeldern (dem Urteil, dem Aufenthalt, den Auswirkungen) anzuregen. In dem Sinne waren die Interviews themenzentriert, da ich mich speziell für die aktuellen Erfahrungen, Gedanken und Gefühle über den Gefängnisaufenthalt interessierte und meine Nachfragen in diese Richtung führten. Jedoch unterbrach ich auch Ausschweifungen oder Erzählungen über Themen, die auf den ersten Blick nichts mit dem Arrestaufenthalt zu tun hatten, nicht. Ich nahm eine Haltung ein, wonach alles, was gesagt wurde, bedeutsam ist und Auskunft darüber geben kann, was zum Arrest verurteilten Jugendlichen widerfährt. Während des jeweiligen gesamten Interviews war es – einem Leitgedanken des verstehenden Interviews folgend – mein Ziel, die Hierarchie zwischen Interviewer und Interviewten soweit wie möglich zu durchbrechen (vgl. Kaufmann, 1999, S. 70). Eine absolute Abwesenheit von Hierarchie ist allerdings ein „positivistischer Traum" (Bourdieu, 2002, S. 394) und war hier schon allein wegen des Settings – ich komme von der Universität in eine Arrestanstalt, um ein Interview mit einem Inhaftierten zu führen, ich kann danach wieder gehen, der Interviewte muss wieder in seine Zelle – nicht möglich. Außerdem waren sich Interviewer und Interviewte in ihren Positionen im „sozialen Raum" nicht besonders nahe. Aber gerade durch die bewusste Reflexion dieser gegebenen Hierarchie versuchte ich, die „symbolische Gewalt" (vgl. ebd., S. 395) so gering wie möglich zu halten. Konkret versuchte ich, dies durch den Tonfall des Gesprächs, durch aufrichtiges Interesse an den individuellen Erfahrungen meines Gegenübers und durch eine explizit solidarische Haltung zu erreichen. Eine solidarische Haltung heißt für mich in diesem Zusammenhang, ebenfalls angelehnt an Bourdieu, die einzelnen „Lebensschicksale gleichzeitig in ihrer Einmaligkeit und in ihrer Allgemeinheit zu verstehen" (ebd., S. 399), die Erzählungen nicht zu banalisieren, sondern sie als individuelle Auswirkung des herrschenden Systems, des „Elends der Welt" zu werten und dabei zu versuchen, mich in die geschilderten Leidenserfahrungen einzufühlen. Sich reflexiv in die Position des Gesprächspartners einzufühlen, heißt dabei allerdings nicht, sich selbst zu verlieren. Mit den Worten Bourdieus (ebd., S. 14) geht es dabei um:

> „(...) die Übernahme eines Standpunkts, der dem der befragten Person so nahe wie möglich ist, ohne sich dabei ungerechterweise in jenes Alter ego, das stets noch, ob man es will oder nicht, ein Objekt bleibt, hineinzuprojizieren, um sich fälschlich zum Subjekt seiner Weltsicht zu machen".

Bourdieu (ebd., S. 398) betont, dass sich so – auch wenn sich der Idealfall nicht organisieren lässt, dass sich Interviewende und Interviewte im sozialen Raum nahe sind und über ähnliche Kapitalsorten verfügen – dem Interviewpartner das Gefühl geben lässt, „mit gutem Recht das zu sein, was er ist". Mit einem solchen Vorgehen und der damit verbundenen Haltung habe ich versucht, das Interview für die Arrestanten spürbar von möglicherweise als negativ und belastend erfahrenen Befragungen durch Polizei und Justiz abzugrenzen.

Es waren vor allem folgende Fragenbereiche, die ich dabei jeweils logisch anschließend an die Anfangserzählung der Arrestanten einbrachte:

Das Urteil: Ist es das erste Mal, dass der Interviewte im Jugendarrest sitzt? Wie wurde das Urteil erlebt? Wusste der Interviewte schon, was auf ihn zukommt? Welche Gedanken, Ängste, Sorgen oder sonstigen Gefühle gab es dazu im Vorfeld?

Der Aufenthalt: Wie sieht ein typischer Tagesablauf in der Anstalt aus? Was hat der Interviewte am Tag des Interviews bisher erlebt und wie geht es ihm gerade damit? Welche Erfahrung macht er mit den Justizmitarbeiter_innen? Wie geht es ihm in der Zelle? Welche Erfahrungen macht er mit den anderen Arrestanten? Welche Gefühle prägen seinen Aufenthalt?

Die Auswirkungen: Was glaubt der Interviewte, was sich für ihn durch den Arrestaufenthalt ändert? Welche Gedanken und Ängste macht er sich während des Aufenthalts über die Zeit danach?

Bei all diesen Fragen ging es mir stets um die subjektiven Bedeutungszuschreibungen und individuellen Erfahrungen der Betroffenen. Erst ganz am Ende der Interviews schloss ich Fragen nach den lebensgeschichtlichen Fakten an (Gibt es einen Schulabschluss? Ausbildungsstelle? etc.). Diese stellte ich auch deswegen nicht an den Anfang der Interviews, damit sich der Interviewte nicht auf einen kurzen Frage-Antwort-Rhythmus mit geschlossenen Fragen einstellte (vgl. dazu Küsters, 2009, S. 64).

4.2 Methodische Überlegungen: Tiefenhermeneutische Auswertung

Für die Auswertung der nach den Regeln des „einfachen Transkriptionssystems" transkribierten Interviews (Dresing & Pehl, 2013, S. 20ff.) habe ich mich der Methode der Tiefenhermeneutik bedient. Mithilfe dieser wollte ich über die reinen manifesten Inhalte des Gesagten hinaus einen Zugang zu dem unbewussten, latenten Sinngehalt der Gespräche gewinnen.

Die Tiefenhermeneutik wurde von dem Psychoanalytiker und Soziologen Alfred Lorenzer entwickelt (vgl. Lorenzer, 1988; 2000, erstmals 1973; Lorenzer et al., 2013). In seinem Werk „Sprachzerstörung und Rekonstruktion" beschäftigt sich Lorenzer (2000) mit dem Verstehensprozess in der psychoanalytischen Praxis, also mit der Frage, wie der Psychoanalytiker bzw. die Psychoanalytikerin das Unbewusste seines bzw. seiner/ihres bzw. ihrer Patienten bzw. Patientin versteht. Die Antwort darauf lautet knapp zusammengefasst: über die Reflexion der eigenen unbewussten Prozesse, die im Kontakt mit dem Gegenüber ausgelöst werden. Lorenzer entwickelte angelehnt an diesen Verstehensprozess in der analytischen Praxis eine sozialwissenschaftliche Methode zur qualitativen-interpretativen Analyse kultureller Erzeugnisse.

Die Tiefenhermeneutik überträgt also nicht einzelne Theoriestücke der Metapsychologie, es geht nicht darum, Diagnosen oder etwa Teile aus der psychoanalytischen Persönlichkeitstheorie zu transferieren, sondern um das psychoanalytische Verfahren (Lorenzer, 2006, S. 173).

Kern der Tiefenhermeneutik ist das szenische Verstehen. Diese Verstehensart grenzt Lorenzer von dem logischen und dem psychologischen Verstehen ab.

Auf der Ebene des logischen Verstehens geht es um die Frage nach den manifesten Inhalten (der Interviews) und dem logischen, rationalen Nachvollziehen des Gesagten (vgl. Lorenzer, 2000, S. 79f.). Die Interpretationsgruppe stellt sich dabei die Frage: Worüber wird in dem Interview gesprochen? (Morgenroth, 1990, S. 41).

Auf der Ebene des psychologischen Verstehens geht es um das Nachvollziehen der Interaktionsstrukturen und der Verarbeitungsformen des Interviews (ebd.). Die Interpretationsgruppe stellte sich dabei die Frage: In welcher Weise wird in dem Interview gesprochen? (ebd.). Dabei geht es auch um die Atmosphäre in den Interviews und welche Gefühle dabei offensichtlich sind, ob etwa solidarisch oder aggressiv gesprochen wird (vgl. ebd., S. 43).

Die besondere Verstehensart, welche die Tiefenhermeneutik ausmacht, ist das szenische Verstehen (vgl. Lorenzer, 2000, S. 138f.). Dabei geht es darum, einen Zugang zu den latenten Sinnschichten der Interviews zu gewinnen bzw. die in der „Spannung zwischen einem manifesten und einem latenten Sinn" sich entfaltende Bedeutung zu entschlüsseln (König, 2000, S. 557).

Das szenische Verstehen ist deswegen von besonderer Bedeutung, weil es in jedem Gespräch immer auch Wünsche, Ängste und Phantasien gibt, die nicht symbolisiert, das heißt nicht versprachlicht werden können. Nicht symbolisierte Wünsche sind vom Subjekt verdrängt worden, da sie unvereinbar mit den gesellschaftlichen Moralvorstellungen sind, die im Über-Ich verinnerlicht wurden oder die mit den individuellen Idealvorstellungen, mit dem Ich-Ideal im Über-Ich, unvereinbar sind. Mit den Worten Lorenzers:

> „Das Unbewusste ist das Verbotene. Es sind Wünsche, die der allgemeine Konsens verpönte; sie widersprechen den Normen und Werten der geltenden Kultur. Vor allem widersprechen sie denjenigen Normen und Werten, die das Individuum sich aufzwängen ließ. [...] Das Unbewusste [...] sind die vom gesellschaftlichen Konsens ausgeschlossenen Lebensentwürfe" (Lorenzer, 1988, S. 27).

Die so verdrängten Anteile, die „verpönten Lebensentwürfe", sind nicht einfach verschwunden, sondern wurden lediglich ins Unbewusste verdrängt. Von da aus sind sie weiter wirksam, das heißt, sie schwingen auch in Gesprächen stets mit. Dadurch, dass die Interpretationsgruppe das zu interpretierende Material emotional auf sich wirken lässt, ihre Affekte zulässt und assoziativ diskutiert, werden diese unbewussten Anteile wieder in Szene gesetzt. Wird dieses Geschehen in der Gruppe reflektiert, kann so ein Zugang zu den unbewusst gemachten, verpönten Lebensentwürfen gewonnen werden. Das ist der Kern des szenischen Verstehens und damit der Tiefenhermeneutik.

Lorenzer selbst hat so eine umfassende Methodologie der Tiefenhermeneutik entwickelt. Das konkrete methodische Vorgehen der tiefenhermeneutischen Analyse hat er aber nicht systematisch beschrieben. Die Methode wurde inzwischen vielfältig weiterentwickelt und systematisiert (siehe etwa Haubl, 1996; König, 2000; Leithäuser & Volmerg, 1998; Morgenroth, 1990). Sie findet in vielfältigen Bereichen Anwendung, besonders in pädagogischen und methodisch-didaktischen Forschungskontexten, in mediensoziologischen und -pädagogischen Fragen, in sozial- und gruppenpädagogischen Diskussionen und zur Beantwortung von biographie- und kulturanalytischen Fragestellungen (Klein, 2013, S. 264).

Ich orientierte mich bei dem methodischen Vorgehen hauptsächlich an König (2000). Konkret ging ich wie folgt vor: Die Interpretationsgruppe (Ig) setzte sich aus sechs Kommiliton_innen, die unterschiedliche Vorerfahrungen mit der Methode hatten, und mir zusammen. Vor den Interpretationsgruppentreffen sendete ich allen Mitgliedern das jeweilig komplette Interview zu und bat sie, dass sie es einmal komplett für sich mit einer „gleichschwebenden Aufmerksamkeit" lesen sollten. Dabei sollten sie besonders auf sich selbst achten und was mit ihnen während des Lesens passiert, welche affektiven Reaktionen sich zeigen (an welchen Stellen sie lachen müssen, wütend werden etc.), welche leiblichen Reaktionen sich zeigen (an welchen Stellen das Atmen schwerer fällt, „sich der Hals zuschnürt" etc.) und vor allem welche Stellen Irritationen auslösen (welche Stellen verstehen sie nicht auf Anhieb, was verwirrt sie, überrascht sie etc.). „Irritationen" spricht Lorenzer für den Prozess der tiefenhermeneutischen Interpretation und des Aufdeckens des verborgenen, unbewussten Sinnes eine besondere Bedeutung zu:

> „Gewiss, jede Hermeneutik wird von der Korrektur der Vorannahmen durchs Material bestimmt. Das, was ich hier ‚Irritation' nenne, treibt diese hermeneutische Anstrengung aber auf die Spitze. Nicht nur zeigt sich hier der Gegensatz zweier Positionen (der im

Text vertretenen und der an den Text herangetragenen), nicht nur bricht hier im Text ein Widerspruch als Ungereimtheit, die von einer strengeren Logik zu beseitigen wäre, auf, vielmehr erschließt sich im Bruch der Zugang zur zweiten Leistung, die bei der psychoanalytisch-tiefenhermeneutischen Analyse auf die ‚Festigkeit des Textes' übergeht. Im Text eröffnet sich eine ‚Vertikale', die ausdrücklich aus der Sinnebene, in der der Text üblicherweise gelesen wird, herausführt und die eine, neue, im Text wirksam angelegte, aber verborgene Bedeutungsebene öffnet" (Lorenzer, 2006, S. 184).

Daran anknüpfend spielen die Irritationen, die bei den Mitgliedern der Interpretationsgruppe ausgelöst werden, die entscheidende Rolle meiner tiefenhermeneutischen Interpretationen.

Zum Beginn der Interpretationstreffen machten wir jeweils eine erste Runde, in der alle Teilnehmenden allgemein berichteten, wie das Lesen des Interviews für sie war und welcher Eindruck, welches Gefühl davon zurückgeblieben war.

In einer zweiten Runde wurden dann jeweils die Stellen benannt, die in ihnen besonders affektive, leibliche und irritierende Reaktionen während des Lesens zu Hause ausgelöst hatten. Dann einigten wir uns gemeinsam auf einen Textausschnitt, den wir uns als ersten näher angucken wollten. Meistens gab es schon eine Übereinstimmung; oft wurden – aus unterschiedlichen Gründen – dieselben Stellen als besonders spannend erachtet.

Eine solche Stelle lasen wir dann noch einmal gemeinsam, szenisch, das heißt mit verteilten Rollen. So sollte das Interview wieder lebendig werden und in den Gedanken der Interpretationsgruppenmitglieder (Igm) ein eigenes Bild von den Gesprächspartnern und „freie Assoziationen" dazu ausgelöst werden.

In einer weiteren Runde berichteten dann alle Igm von ihren spontanen affektiven, leiblichen und irritierenden Reaktionen während des gemeinsamen Lesens.

Im Anschluss daran führten wir jeweils eine „wilde Diskussion", das heißt eine Diskussion, für die wir uns vorgenommen hatten, nicht wie sonst in Uni-Kontexten üblich verkopft oder möglichst intellektuell und politisch korrekt zu diskutieren, sondern assoziativ das zu sagen, was uns in den Kopf kommt und was durch den Text und die Redebeiträge der anderen Igm in uns ausgelöst wurde.

Zwischendurch wechselten wir immer wieder die Ebene und richteten den Blick auf uns als Gruppe und das Geschehen in dieser. Stritten wir miteinander oder versuchten wir, besonders harmonisch zu sein? Welche Dynamiken zeigten sich? Hatten sich Fronten gebildet, wurde jemand aus der Diskussion ausgeschlossen? Wie fühlten wir uns während der Diskussion? In einem weiteren Schritt überlegten wird dann jeweils, inwiefern diese Gruppendynamiken etwas mit dem Material, mit dem Geschehen in den Interviews, zu tun haben könnten.

An einzelnen Stellen, die sich während der Diskussionen als besonders relevant herausgestellt hatten, griffen wir auf die drei Arten des Verstehens zurück und überprüften Schritt für Schritt, ob wir die Stelle alle gleich „logisch verstehen", fassten also mit eigenen Worten zusammen, was da eigentlich gesagt wird. Dann überlegten wir gemeinsam, welche Emotionen dabei eigentlich offenkundig im Raum stehen („psychologisches Verstehen") bzw. im Material explizit benannt werden und welche Dynamik sich dabei zwischen Interviewer und Interviewten entfaltet, um uns dann wieder über unsere affektiven Reaktionen auszutauschen und so eine Zugang zum „szenischen Verstehen" zu gewinnen.

Wenn niemand mehr das (dringende) Bedürfnis hatte, etwas zu der Szene zu sagen, wiederholten wir das gleiche Vorgehen an einer anderen Stelle.

Diese Interpretationsgruppendiskussionen zeichnete ich jeweils auf und hörte sie mir später noch einmal an, zeichnete die Streitlinien nach und ordnete das affektive Geschehen der Gruppe, um dann daraus zusammenfassende Interpretationen zu den einzelnen Stellen zu schreiben.

Die Tiefenhermeneutik setzt so sehr bewusst die Subjektivität, die Individualität, die Emotionen der Forscher_innen ein. Alles, woran Menschen beteiligt sind, hat eine unbewusste Ebene und in jeder Forschung spielen die Gefühle der Forscher_innen eine Rolle. Es ist ein positivistischer Irrglaube, anzunehmen, man könne diese im Erkenntnisprozess einfach außen vor lassen. Durch die systematische Reflektion der Gefühle in der Tiefenhermeneutik werden diese von einem Hindernis für „objektive Forschung" zum besten Instrument der Erkenntnis (vgl. Horstmann et al., 2015, S. 59).

Das Potential der Tiefenhermeneutik liegt dabei vor allem darin, dass Widersprüche und Ambivalenzen nicht aufgelöst werden, sondern bestehen bleiben können und so beschrieben und interpretiert werden können. Da psychoanalytisch gedacht eine in sich „reine", stimmige Identität nicht existiert, sondern Subjekte immer von sich widersprechenden Affekten und Wünschen geprägt sind, ergibt sich auch häufig die Situation, dass ein Subjekt nicht die eine Sache meint und die andere nicht, sondern vielleicht beide gleichzeitig oder eine ambivalente, widersprüchliche Mischform von zwei Positionen, zwischen denen er oder sie hin- und hergerissen ist. In tiefenhermeneutischen Interpretationsgruppen zeigt sich dies häufig dadurch, dass zwei Igm eine Aussage völlig unterschiedlich deuten. Diese Widersprüche

werden dann nicht so aufgelöst, dass die eine Meinung die richtige ist und die andere nicht, sondern dass gerade in der Widersprüchlichkeit ein Zugang zu den verpönten Anteilen der Gesprächspartner liegt.

5. Gespräche in einer Jugendarrestanstalt

Bevor ich in den niedersächsischen Jugendarrestanstalten Interviews führen konnte, musste ich ein langes und kompliziertes Antragsverfahren durchlaufen. Zuerst musste ich einen Antrag beim „Kriminologischen Dienst" stellen, mehrere Formulare ausfüllen, meine Einstiegsfrage offenlegen, einen Leitfaden für die Interviews vorlegen, ein polizeiliches Führungszeugnis abgeben, Daten für eine „Personenfeststellung" angeben und einiges mehr. In einem zweiten Schritt musste ich diese und andere Informationen einer übergeordneten Stelle, der JVA Vechta, zukommen lassen und eine Reihe weiterer Fragen beantworten. Im dritten Schritt musste ich dann einen Antrag bei den einzelnen Jugendarrestanstalten stellen. Nachdem dies alles erfolgt war, wurde ich noch offiziell „verpflichtet", das heißt, ich musste schwören, mich nicht an „Gefangenenbefreiung" usw. zu beteiligen. Dieses aufwendige Genehmigungsverfahren gab mir schon ein Gefühl davon, dass es sich bei Jugendarrestanstalten um „totale Institutionen" handelt, die außerhalb des öffentlichen, gesellschaftlichen Blickes liegen und in die normalerweise nur die Mitarbeiter_innen und Inhaftierten Einblick erhalten.

Ich führte insgesamt fünf Interviews mit Jugendarrestanten. Vier davon fanden in einer Jugendarrestanstalt statt und eines an einer Förderschule mit dem Förderschwerpunkt „Emotionale und soziale Entwicklung". Dort interviewte ich einen Schüler, der ein paar Wochen zuvor im Jugendarrest war. Auf mein Anschreiben an die Arrestanten reagierten diese positiv, das heißt, alle Inhaftierten wollten jeweils mit mir sprechen. Ich nahm keinen Einfluss auf die konkrete Auswahl der Inhaftierten und sprach mit denen, welche die Justizmitarbeiter_innen oder die Anstaltsleitung dafür ausgewählt hatten. Alle interviewten Arrestanten waren männlich, was daran liegt, dass zu dem Zeitpunkt meiner Erhebung in der ausgewählten Arrestanstalt nur männliche Arrestanten untergebracht waren. Dies verwundert nicht angesichts der Tatsache, dass über 87 % der Jugendarrestant_innen männlich sind. Alle Arrestanten verbüßten einen Dauerarrest von einer bis zu vier Wochen. Ein geplantes Interview mit einem Warnschussarrestanten musste ausfallen, weil dieser den Arrest nicht antrat. Ob Warnschuss- oder anderer Jugendarrest ist aufgrund meiner Fragestellung nach den Folgewirkungen des kurzzeitigen Einsperrens aber auch kaum relevant, da die konkreten Haftbedingungen für beide Gruppen gleich sind. Von den fünf geführten Interviews wertete ich drei, die ich subjektiv als besonders spannend erachte, mit der tiefenhermeneutischen Ig aus. Diese werden im Folgenden jeweils zusammengefasst und darauf wird dann die tiefenhermeneutische Interpretation vorgestellt. Bei den tiefenhermeneutischen Interpretationen beschreibe ich jeweils detailliert das Vorgehen in der Ig, damit nachvollziehbar (und kritisierbar) wird, wie ich zu den jeweiligen Interpretationen kam.

5.1 Adnan: Zusammenfassung des Interviews

Das Interview mit Adnan[5] war das erste, welches ich in einer Jugendarrestanstalt führte. Die Leitung der Jugendarrestanstalt fragte mich, nachdem ich angekommen war und erneut einige Formalien durchgegangen war und Sachen unterschrieben hatte, ob ich lieber einen „Guten" oder einen „Schlechten" zuerst hätte. Ich sagte, ich wisse nicht, was damit gemeint sei, und dass mir das egal sei. Darauf sagte sie: „Okay, dann holen wir erst einen Schlechten, dann sehen Sie eine Steigerung." Dann schickte sie einen Mitarbeiter einen bestimmten Inhaftierten holen. Mir wurde vorher zugesichert, dass ich allein mit dem Arrestanten reden könne. Ich wurde mit einem Notfunkgerät ausgestattet, über das ich jederzeit hätte „Hilfe" holen können und das von allein Alarm geschlagen hätte, wenn es nicht senkrecht an meinem Gürtel befestigt gewesen wäre. Trotzdem kamen während des Gesprächs immer wieder Mitarbeiter_innen in den Raum und erledigten irgendetwas im Hintergrund. Als der Arrestant kam, waren wir aber zunächst allein und ich stellte mich länger vor. Danach fragte ich, ob ich das Aufnahmegerät anmachen könne, und wir starteten mit dem Interview.

Adnan ist 21 Jahre alt, hat einen Hauptschulabschluss und ist in Deutschland geboren. Sein Vater ist selbstständig und seine Mutter arbeitet als „Putzfrau", wie er mir zum Ende des Interviews erzählte.

Auf meine Einstiegsfrage antwortet er wie folgt:

> „Also warum ich hier bin, ist, weil ich gefahren bin ohne Führerschein. Wiederholtäter. Und dabei habe ich vier Wochen bekommen. Deswegen bin ich hier. Und warum, wie es mir hier geht, es geht mir scheiße. Weil man gesperrt ist, ja. Man ist eingesperrt. Und was ich ändern werde, keine Straftaten mehr machen und nicht mehr hier sein. Also ich kann fast ganze Nacht nicht so gut schlafen, stehe immer in der Nacht auf und ist halt schwer, ne, hier die ganze Zeit zu verbringen oder hier drinnen zu sein. Man wird verrückt. Man ist behindert. (...)[6] Und zu den Mitarbeitern hier, ja, die können auch nichts

---

[5] Alle Namen der Interviewpartner wurden zur Wahrung der Anonymität verändert.

[6] Die drei Punkte in Klammern stehen in den Interviewausschnitten für kleinere Gesprächspausen und nicht wie sonst bei Zitaten für Auslassungen.

dafür, weil die ja Mitarbeiter sind und die müssen all diese Aufgaben machen, also ist ihr Job und die sind auch sehr nett. Und was man in der Zelle macht, man überlegt, man denkt nach über sein Leben, was man so früher gemacht hat, was man ändern will, was man heute so macht, und man verbringt die Zeit, entweder du schläfst, oder du liest Bücher, also man kriegt hier Bücher, man kann hier puzzeln, man liest Zeitung, ja und du sitzt dann, entweder du liest Bücher oder du denkst nach über dein Leben oder du puzzelst, bis die Zelle aufgeht, dann freut man sich, dass man halt aus der Zelle ist, damit man nicht noch behinderter wird, sage ich mal, und ja, das ist halt sehr schlimm, hier zu sein, ne. Ist nicht leicht. Du vermisst halt deine Eltern, du vermisst deine Freundin. Ist halt scheiße, ne. Du denkst jeden Tag nach, darüber, was die da draußen machen, wie es denen geht, ob es, ob die fröhlich sind, oder was weiß ich, all diese Sachen. Und das ist halt scheiße, wenn man drüber nachdenkt. (...) Ja und es gibt auch welche, ich weiß jetzt nicht wer, und will auch keine Angaben sagen, aber es gibt auch welche, die in der Zelle weinen und halt die ganze Depri-Sache haben, also Depression, also ist halt so, ne. Man kann halt von Glück reden, dass man nicht mehr als vier Wochen hat, oder was weiß ich, mehr als fünf Jahre hat, man kann froh sein, dass man vier Wochen hat, aber trotzdem fickt dich diese Zeit, also das macht dein Leben halt kaputt, du verlierst zu viel draußen, du hast, du kannst deine Termine nicht erledigen, du hast keine Chance, was zu machen, was zu ändern, wenn du hier drinnen bist, musst du das absitzen, gibt es kein Zurück mehr."

Danach erzählt mir Adnan, dass er nun bereits zum zweiten Mal für vier Wochen im Jugendarrest ist, und ich frage ihn, was er gedacht hat, als er das Urteil gehört hat. Darauf antwortet er:

„Ja, ich habe versucht mit dem Richter zu reden, damit ich ein bisschen weniger bekomme Strafe, oder halt gar nicht, ich hatte ja keine Chance mehr, und deshalb konnte ich ja nicht mehr. Und wo ich das gewusst habe, dass ich wieder hier rein muss, hab ich nur gedacht, scheiße, man, hier will doch keiner hin, man, ist doch kein Leben, wenn man hier reingeht, man verliert halt viel, von seiner Freizeit, man verliert auch, wenn man arbeitet, seine Arbeit, man verliert auch seine Schule, wenn man Schule macht, man verliert halt vieles, ne. Das ja nicht schön, dann muss man das alles wiederholen, das dann alles wieder Zeitverschwendung, weißt du, und ich bin jetzt 21 Jahre alt und ja. Wo ich draußen war, hatte ich noch vor, arbeiten zu gehen, hatte ich noch vor, Geld zu verdienen, hatte ich noch vor, keine Straftaten zu machen, aber das ist halt zu spät, ne, wie gesagt, ja. Was ich über Richter denke, der hat übertrieben, vier Wochen für so eine Straftat, das ist zu hart. Zwei Wochen wären ok. Wäre ich damit einverstanden. Aber nicht vier Wochen."

Etwas später frage ich Adnan, wie ein typischer Tagesablauf in der JAA aussieht. Er erzählt dies sehr detailliert als einen ständigen Wechsel zwischen Einschlusszeiten, in denen er allein in der Zelle ist, und Aktivitäten in der Gruppe wie den Mahlzeiten, Schulunterricht und „Gruppenmaßnahmen". Ich frage ihn dann, wie er es findet in einer Einzelzelle zu sein, und Adnan antwortet, dass er dies besser findet, aber dass man sich auch erst daran gewöhnen müsse. Ich frage genauer nach und er sagt:

> „Den ersten Tag, den ich hier verbracht habe, also war schlimm. (...) Kommst du halt rein, die Tür geht zu, dann fängst du an zu überlegen, (...) dann entweder fängst du an zu weinen oder (...) entweder weinst du oder (...) du hast halt Depression. Erster Tag, zweiter Tag, dritter Tag, vierter Tag hast du halt Depression. Und ab fünften Tag bist du daran gewöhnt. (...) Da geht es dir sehr, sehr, sehr scheiße, die ersten Tage. Das macht kein Spaß."

Danach sprechen wir über die Schule in der JAA und Adnan erzählt, dass er sich für diese hier entschieden habe, obwohl er „draußen" keine Schule besuche, weil man im Jugendarrest alles mitmacht, was eine Ablenkung bzw. die Möglichkeit, aus der Zelle zu kommen, bedeute. Dann beschreibt er die Zelle und erzählt, dass es da nichts anderes gebe als einen Schrank, einen Tisch, einen Stuhl, ein Bett, eine Toilette und ein Waschbecken, dass einem alles abgenommen werde und dass es keine Möglichkeit gebe, zu rauchen, auch nicht für die über 18-Jährigen. Da Adnan mehrfach die Formulierung benutzt, dass man in der JAA „behindert" werde, frage ich ihn, ob er beschreiben könne, wie sich das anfühlt. Darauf antwortet er:

> „Ja, zum Beispiel, du kriegst hier Einschluss, du hast zwei Tage Einschluss oder vier Tage, kommt darauf an, was du machst, das heißt, wenn du in der Zelle bist, dann isst du sogar auch auf der Zelle, nennt man Einschluss halt, und das macht dich dann krank. Du siehst nur deine, du siehst nur die Wand, den Tisch, den Bett, den Schrank, kannst nichts anderes machen. Ja und da wird mal halt psycho. Depri. Behindert. Man rastet halt schnell aus, man wird schnell aggressiv, man rastet aus, man haut gegen die Wand, man haut gegen den Schrank, gegen den Tisch, (...) aber das bringt dir auch nichts. Aber will doch irgendwie, Wut, man wird halt, Wut, man hat halt Wut, man will das halt abreagieren, irgendwo gegen hauen zum Beispiel oder (...) Justizbeleidigung (...) oder was weiß ich."

Im Folgenden betont Adnan noch einmal, dass die Zeit in der Zelle einen aggressiv mache und dass man so einen „Haftschaden" bekomme. Es entsteht folgender Dialog:

> A: Aber zum Glück habe ich noch keinen Einschluss bekommen, werde ich nicht. (...) Man hat Haftschaden, ne.
>
> Interviewer (I): Wie bitte?
>
> A: Haftschaden, kriegt man, Haftschaden. Man weiß nicht, was man labert. Man weiß nicht, was man macht. Du machst es einfach. Du kontrollierst dich selber nicht. Du hast keine Kontrolle mehr über dich, du verlierst deine Kontrolle. Also das ist (leiser werdend) diese Psyche.
>
> I: Wenn man hier drinnen ist, dann hat man irgendwie keine Kontrolle mehr über sich.

A: Ja, hat man keine Kontrolle, halt. Wenn du entlassen wirst und du draußen bist, zum Beispiel irgendjemand macht dich an oder so, du wirst schnell aggressiv.

I: Du meinst, du wirst dann schneller aggressiv, weil du hier warst?

A: Ja.

I: Ok. (...)

A: Auf jeden Fall. Man will einfach nur die Zeit, einfach hinter sich haben dann. Einfach raus, so schnell wie möglich raus.

Danach frage ich Adnan, mit welchen Professionellen er Kontakt in der JAA hat, und erfahre, dass er bisher weder mit Psycholog_innen noch mit Sozialarbeiter_innen oder Pädagog_innen – mit Ausnahme der Lehrer_innen – Kontakt hatte. Es gebe lediglich einen Arzt und die Justizmitarbeiter_innen, die einmal in der Woche eine Gesprächsrunde mit den Inhaftierten machen würden, in der es um die Ursachen der Straftaten gehen soll. Das bringe nichts, sei aber eine dankbare Abwechslung, so Adnan. Dann geht es darum, was sich Adnan für die Zukunft vornimmt. Einerseits nimmt er sich fest vor, „keine Scheiße mehr zu bauen", und andererseits meint er, dass er nun aggressiver als vorher sei.

I: Auf der anderen Seite hast du auch gesagt, dass du die Erfahrung machst, dass man hier drinnen aggressiv wird, und wenn man dann draußen ist …

A (unterbricht): … wird man behindert, genau.

I: Also was glaubst du …

A (unterbricht): … kommt schneller zum Streit halt, wenn du entlassen wirst, dann kommt es schneller zum Streit und so etwas. Probleme halt. Man denkt dann nicht schnell drüber nach, dass man gesessen hat, man macht das einfach. In dem Moment kannst du nicht überlegen, ist halt so, kann man nichts machen.

Im Folgenden wird klar, dass sich Adnan trotz seines Vorhabens, nicht mehr aufzufallen, große Sorgen macht und Angst hat, bald in Hameln (in der JA) zu landen. Das sagt er an mehreren Stellen und betont: „Ich habe immer Angst davor." Jeder, der einmal im Jugendarrest war, habe Angst davor. Trotzdem nimmt er sich vor, wenn er entlassen wird, zu seiner Schwester zu ziehen, und hofft, durch diese, die eine Ausbildung zur Bürokauffrau macht, auch eine Ausbildung zum Bürokaufmann machen zu können. Bisher seien seine Versuche gescheitert, nun liegt seine Hoffnung auf seiner Schwester:

„Ne, ich hab versucht mein Real nachzumachen in der Volkshochschule, zwei mal, aber dann hat das nicht geklappt und dann war ich in der Maßnahme, da sollte ich eine Ausbildung kriegen, aber das hat dann auch nicht geklappt und wenn ich rauskomme, dann finde ich eine Ausbildung. Meine Schwester, sie wird mir dann helfen."

Nach dem Gespräch stellte ich die Aufnahme aus. Adnan und ich signalisierten gemeinsam einem „Justiz", der gerade hereinkam, dass wir fertig sind. Adnan fragte ihn, ob er noch die letzten zehn Minuten bis zum Essen hier bleiben könne. Der Justizmitarbeiter verneinte das und erklärte ihm, dass Essen um zwölf und nicht um zehn vor zwölf sei und dass er daher noch einmal in seine Zelle müsse. Wir verabschiedeten uns und Adnan wurde weggebracht.

Während des gesamten Gesprächs kamen immer wieder Justizmitarbeiter_innen in den Raum, gingen an uns vorbei und erledigten etwas im Hintergrund. Dies störte das Gespräch immer wieder und unterbrach mehrfach den Dialog, als es um sensible Themen wie das Leiden unter der Isolation oder den Kontakt mit den Justizmitarbeiter_innen ging.

5.1.1 Adnan: Tiefenhermeneutische Interpretation

In der tiefenhermeneutischen Ig wurden verschiedene erste Eindrücke und Affekte benannt, die uns den Weg zu den entscheidenden Interviewpassagen zeigten. Diese werden im Folgenden noch einmal zitiert, um die sich daran anschließende Interpretation nachvollziehbar darzulegen.

> „Ja, ich habe versucht mit dem Richter zu reden, damit ich ein bisschen weniger bekomme Strafe, oder halt gar nicht, ich hatte ja keine Chance mehr, und deshalb konnte ich ja nicht mehr. Und wo ich das gewusst habe, dass ich wieder hier rein muss, hab ich nur gedacht, scheiße, man, hier will doch keiner hin, man, ist doch kein Leben, wenn man hier reingeht, man verliert halt viel, von seiner Freizeit, man verliert auch, wenn man arbeitet, seine Arbeit, man verliert auch seine Schule, wenn man Schule macht, man verliert halt vieles, ne. Das ja nicht schön, dann muss man das alles wiederholen, das dann alles wieder Zeitverschwendung, weißt du, und ich bin jetzt 21 Jahre alt und ja."

In der Ig löste diese Stelle Irritationen aus, weil Adnan hier auf einer manifesten Ebene die Perspektive wechselt und abwechselnd über Dinge spricht, die ihn konkret betreffen wie die Verkündung seiner Strafe vor Gericht, und dann wieder über Dinge, die ihn eigentlich gar nicht betreffen wie der Verlust von Arbeit und Schule: Da Adnan gar nicht zur Schule geht und gar nicht arbeitet, kann er eigentlich weder Arbeit noch Schule durch den Jugendarrest verlieren. Ein Igm empörte sich daher darüber, was der Arrestant uns denn hier verkaufen wolle. Andere Igm hielten affektiv dagegen, dass sie ihm das schon glauben würden. Dies führt zu folgender Interpretation: Auf einer logisch verstehenden, manifesten Ebene ist hier ein Widerspruch. Adnan beklagt sich über etwas, was ihn gar nicht betrifft. Auf einer latenten Ebene gehören diese Dinge aber für Adnan offenbar untrennbar zusammen: Keine Chance zu haben, keine Arbeit und Schulbildung zu haben, gehören für ihn zu dem gleichen Gesamtkomplex wie der erneute Aufenthalt im Jugendarrest. So verstanden klagt Adnan hier über seine (an den Rand gedrängte) Position in der Gesellschaft, über seine Gesamtsituation, zu der keine Schulbildung und keine Arbeitsstelle zu haben und im Jugendarrest zu sitzen, untrennbar zusammenhängen. Auch die Formulierung „ist doch kein Leben" zeigt, dass für Adnan der Jugendarrest mehr bedeutet als eine vier Wochen dauernde schwere Zeit. Der Jugendarrest steht für ihn insgesamt dafür, gescheitert zu sein, „keine Chance" zu haben.

> „Wo ich draußen war, hatte ich noch vor, arbeiten zu gehen, hatte ich noch vor, Geld zu verdienen, hatte ich noch vor, keine Straftaten zu machen, aber das ist halt zu spät, ne, wie gesagt, ja."

Auch diese Stelle löste in der Ig Irritationen aus und wieder bei einem Igm in Ansätzen so etwas wie Empörung. Denn das klinge ja so, als ob er sich nun nicht mehr vornehme, arbeiten zu gehen, Geld zu verdienen und keine Straftaten mehr zu begehen. Wieder löste diese Empörung bei anderen Igm Widerspruch und affektive Solidarisierungen mit Adnan aus. Dies führt zu der Interpretation, dass Adnan sich zwar eigentlich sehr wohl weiter vornehme, keine Straftaten mehr zu begehen und arbeiten zu gehen, was er auch an vielen anderen Stellen betont, aber dass der erneute Aufenthalt in der JAA für ihn doch für ein allgemeines Scheitern steht. Er steht dafür, dass es nicht geklappt hat, da er sich dies auch schon nach seinem ersten Aufenthalt vorgenommen hatte und dass er auf einer latenten Ebene auch weiß, dass die Umsetzung dieses Vorhabens sehr schwer werden wird. An anderer Stelle betont er auch manifest, dass er Angst hat, dass es nicht klappt. Hier schwingt so auch mit, dass er schon ahnt, dass er zum Milieu der (Jugend-)Delinquenten gehört und damit jederzeit wieder droht, potentiell straftätig zu werden/verfolgt zu werden, was verhindert, einfach unbefangen Pläne für die Zukunft zu schmieden. Auch ein Selbstbild als Gescheiterter, als Verlierer und Krimineller wird hier deutlich.

> „Ja, zum Beispiel, du kriegst hier Einschluss, du hast zwei Tage Einschluss oder vier Tage, kommt darauf an, was du machst, das heißt, wenn du in der Zelle bist, dann isst du sogar auch auf der Zelle, nennt man Einschluss halt, und das macht dich dann krank. Du

siehst nur deine, du siehst nur die Wand, den Tisch, den Bett, den Schrank, kannst nichts anderes machen. Ja und da wird mal halt psycho. Depri. Behindert. Man rastet halt schnell aus, man wird schnell aggressiv, man rastet aus, man haut gegen die Wand, man haut gegen den Schrank, gegen den Tisch, (...) aber das bringt dir auch nichts. Aber will doch irgendwie, Wut, man wird halt, Wut, man hat halt Wut, man will das halt abreagieren, irgendwo gegen hauen zum Beispiel oder (...) Justizbeleidigung (...) oder was weiß ich.

[...]

Normal macht das aggressiv, was willst du denn da machen? 23 Stunden lang. Du bist nur in deiner Zelle, du isst sogar in deiner Zelle, wo eine Toilette ist und ein Waschbecken. Drinnen ist, das ist doch scheiße.

[...]

Aber zum Glück habe ich noch keinen Einschluss bekommen, werde ich nicht."

Auch diese Stelle löste erst mal wieder Irritationen aus, weil Adnan hier sehr detailliert über etwas spricht, was ihn wiederum offenbar gar nicht betrifft. Sehr bildhaft beklagt er, wie es ist, wenn man Einschluss hat, und erklärt dann etwas später, dass er diesen aber noch gar nicht erlebt habe. Dies führte in der Ig zu unterschiedlichen Eindrücken, etwa dass Adnan ein besonders empathischer Mensch sei, da er so erzählen könne, was er wohl nur von anderen gehört haben könne. Ein anderes Igm äußerte die Phantasie, Adnan lüge und hätte offensichtlich wohl schon den Einschluss erlebt, sonst könne er es nicht so detailliert beschreiben. Dieser Konflikt führt zu folgender Interpretation: Auf einer manifesten Ebene macht es kaum Sinn, dass Adnan besonders über den Einschluss klagt, obwohl er sagt, er habe ihn selbst noch nicht erlebt. Aber unabhängig davon, ob er den Einschluss de facto schon selbst erlebt hat oder nicht, ist dieser auf jeden Fall als Erlebnisqualität für ihn präsent. Selbst wenn er nur ein paar Stunden oder über Nacht 13 Stunden allein in der Zelle ist, fühlt es sich für ihn genauso an, als habe er einen längeren Einschluss. Adnan nutzt unbewusst das Bild des Einschlusses als Verdichtung und um besser vermitteln zu können, wie es ihm in der Zelle geht. Zudem scheint allein die bloße Androhung des Einschlusses enorm psychisch zu wirken, sodass schon die Vorstellung, in einem Raum mit Toilette etc. essen zu müssen, psychisch so erlebt wird, als sei dies schon so.

In der Ig wurden anfänglich sehr viel Mitgefühl und Solidarität mit Adnan und seiner Situation geäußert. Im Laufe der Diskussion änderte sich dies etwas und einzelne Igm äußerten den Eindruck, Adnan übertreibe etwas und vier Wochen im Jugendarrest seien doch wirklich nicht so eine lange Zeit, dass man sich beklagen müsste, dass das Leben kaputt gemacht werde. Dieses Geschehen in der Ig passt zu dem Material, zu der Ambivalenz und dem Schwanken von Adnan in dem Interview. Einerseits zeigt sich dieser sehr angepasst und betont, dass er viel nachdenke, dass er vorhabe, keine Straftaten mehr zu begehen, dass zumindest zwei Wochen Jugendarrest durchaus angemessen gewesen wären und dass die Justizmitarbeiter_innen auch nur ihre Arbeit machen würden. Andererseits erzählt Adnan, dass man in der JAA einen „Haftschaden" bekomme, dass einen der Aufenthalt „krank" mache, man „depri, psycho, behindert" gemacht werde, wütend und aggressiv werde und wenn man draußen sei, aggressiver sei und es dadurch wahrscheinlicher sei, dass man zuschlage.

Dies führt auch zu der Interpretation, dass Adnan psychisch extrem unter der Inhaftierung leidet und auch spürt, dass ihm diese Erfahrung schadet und nicht hilft. Dennoch muss er den Aufenthalt immer wieder zumindest ein kleines Stück weit als subjektiv sinnvoll konstruieren, damit es für ihn psychisch aushaltbar bleibt. In der Ig wurde immer wieder der Eindruck geäußert, Adnan schwanke zwischen Ohnmacht, Depression, Hoffnung und Aggression.

Dabei fällt auf, dass dies nicht nur einfach beständig nebeneinander existiert, sondern dass es scheinbar auch eine Reihenfolge gibt. Von den ersten Tagen berichtet Adnan, dass er weinen musste, und er benennt seinen Zustand als depressiv. Dann scheint er aus diesem Gefühl herauszukommen, indem er es in Aggression umwandelt. Er berichtet dann davon, dass er aggressiv wird, das Gefühl hat, die Kontrolle zu verlieren, wütend wird und am liebsten die Justizbeamt_innen beleidigen würde und schlagen würde, auch wenn er Letzteres nicht ausspricht, da hier die innere Zensur zu wirken scheint:

> „Man rastet halt schnell aus, man wird schnell aggressiv, man rastet aus, man haut gegen die Wand, man haut gegen den Schrank, gegen den Tisch, (...) aber das bringt dir auch nichts. Man wird halt, Wut, man hat halt Wut, man will das halt abreagieren, irgendwo gegen hauen zum Beispiel, Justizbeleidigung (...) oder was weiß ich."

Einerseits betont Adnan immer wieder, sich vorzunehmen, nicht mehr straffällig zu werden, und andererseits sind viele pessimistische Formulierungen so absolut, dass deutlich wird, dass er befürchtet und ahnt, dass dies sehr schwer werden wird. Die Doppelheit von einerseits gutem Vorhaben und angepassten und positiven Konstruktionen und andererseits wütenden, aggressiven Impulsen und pessimistischen, absoluten Aussagen über ein gescheitertes Leben passen zu der Institution Jugend-arrestanstalt, die selber zwar offiziell dafür da ist, Jugendliche vor weiteren Straftaten zu „beschützen", aber tatsächlich, wenn auch unausgesprochen, eher dazu beiträgt, dass Jugendliche endgültig zum Milieu der Delinquenten gehören und mit hoher Wahrscheinlichkeit wieder straffällig werden. So zeigt sich das „institutionelle Unbewusste" (vgl. Mentzos, 1988) der Institution Jugendarrestanstalt in Adnans Ambivalenzen und den Konflikten in der Ig.

Das Gespräch mit Adnan zeigt eindrücklich, dass er im Jugendarrest wirklich leidet und dass er sich daher deutlich vornimmt, zukünftig keine Straftaten mehr zu begehen, damit er dies nicht noch einmal durchleben muss. Es zeigt aber auch, dass er daran kaum glauben kann, dass er sich selbst als Verlierer und Krimineller konstruiert und damit rechnet, es nicht zu schaffen: nicht zu schaffen, nicht wieder straffällig zu werden, und es im Leben nicht zu schaffen, arbeiten zu gehen, Geld zu verdienen und ein „normales" Leben zu führen. Dieses negative Selbstbild kann als Resultat der adoleszenten Identitätssuche unter den Bedingungen der gesellschaftlichen Ausgrenzung im Milieu der (Jugend-)Delinquenten verstanden werden.

Trotz seines Leidens unter dem Jugendarrest versucht Adnan, ihn immer wieder, zumindest in Ansätzen, auch als etwas Positives zu konstruieren, damit es für ihn aushaltbar bleibt. Aber eindrücklicher beschreibt er – und stärker werden die Affekte in der Ig geprägt davon –, wie ihn die Zeit in der Zelle verrückt, behindert, psycho, depri, krank, wütend und schlussendlich aggressiv macht. Und Adnan befürchtet, dass dies auch dazu führt, dass er sich „draußen" aggressiver verhalten wird.

5.2 Badu: Zusammenfassung des Interviews

Das Interview mit Badu ist das einzige, welches ich nicht direkt in einer Jugendarrestanstalt geführt habe, sondern in einer Förderschule mit dem Förderschwerpunkt „Emotionale und soziale Entwicklung". Dort machte ich gerade Praktikum und als ich im Lehrer_innenzimmer fragte, erfuhr ich, dass eine ganze Reihe der Schüler der Schule schon einmal im Jugendarrest waren – einer gerade erst vor ein paar Wochen. Diese Gelegenheit nutzte ich und bat die Kolleg_innen und dann den Schüler selbst, ein Interview mit ihm über seine Erfahrungen dort führen zu können. Der Schüler kannte mich nur vom Sehen und Small-Talk in den Pausen und auf dem Flur, da ich in seiner Parallelklasse arbeitete. Er willigte ein, das Interview zu führen. Wir trafen uns dann an einem der folgenden Tage in dem „Time-Out-Room" der Schule, der gemütlich gestaltet ist und normalerweise die Funktion erfüllen soll, dass aggressiv gewordene Schüler_innen sich dort beruhigen können. So waren wir – bis auf selten von draußen hineingelangende Geräusche (Türknallen etc.) – ungestört.

Badu ist fünfzehn Jahre alt und geht in die achte Klasse. Er ist Schwarz[7] und lebt zusammen mit seiner Mutter und seinen zwei Brüdern. Zum Interviewzeitpunkt war Badus Jugendarrestaufenthalt ca. drei Wochen her. Nachdem wir erst etwas geplaudert hatten, fragte ich ihn, ob ich nun das Aufnahmegerät anmachen könnte, und begann mit meiner Einstiegsfrage. Badu antwortet wie folgt:

„Ok. Also, wir waren auf so einer Hausparty. Und dann hat da so ein Kollege von mir da geklaut. Danach sind alle Schwarzen erst mal rausgeflogen. Danach waren wir in der Nähe, da hat ein Freund von mir gewohnt. Danach sind wir zu ihm nach Hause gegangen. Aber er war da nicht zu Hause. Dann sind wir wieder zurückgegangen. Da standen diese Leute von der Hausparty alle draußen. Auf einmal. Haben angefangen zu mucken, haben angefangen zu beleidigen und so. Danach wollte ich zur Bahn gehen mit einer Freundin. Aber die Bahn ist erst in einer halben Stunde gekommen. Dann sind wir wieder zurückgegangen. Haben die uns kontrolliert, ob wir was haben. Danach sind wir zurück wieder zur Bahn gegangen. Dann sind diese Lutscher auch alle gekommen. Danach haben die angefangen zu mucken, da hat so ein Mädchen zu meinem Freund Hurensohn gesagt, hat er sie angerotzt erst einmal, danach hat ihr Freund meinem Freund eine Faust gegeben, dann hat es angefangen mit dieser Schlägerei erst einmal. Irgendwann ist die Polizei gekommen, aber dann sind wir abgehauen, dann haben die uns aber nicht erwischt, und dann waren wir auf irgend so einem Konzert auf einmal, später, also so ein paar Wochen später, dann haben wir diese Jungs wieder getroffen, aber dann waren wir dieses Mal drei zu drei, und mein Bruder hat gehört, dass der eine mir Messer an Hals gehalten hat, ist ausgerastet, dann haben wir die noch einmal geschlagen, ja, deswegen bin ich zwei Wochen reingekommen. (...) Und wie es da war? Nicht gut, ne. Es geht, also, nur Einschluss, wenn du Einschluss hast, und du alleine in deiner Zelle bist, das fickt

---

[7] „Schwarz ist die politisch korrekte und vor allem selbst gewählte Bezeichnung für Schwarze Menschen" (Sow, 2009, S. 20). Die Information halte ich in diesem Kontext für relevant, weil „Schwarz-Sein" in einer mehrheitlichen weißen und strukturell rassistischen Gesellschaft bedeutet, negativ von Rassismus betroffen zu sein (vgl. Sow, 2009) und weil erst mit diesem Wissen einige Erzählungen von Badu verstanden werden können. „Schwarz" wird hier deshalb großgeschrieben, weil es keine adjektivische Beschreibung ist, sondern eine politisch gewählte Selbstbezeichnung von Schwarzen Menschen, die kolonial geprägte und damit rassistische Bezeichnungen ablehnen.

mein Kopf. Aber sonst, geht eigentlich, das kein richtiges Knast, das ist Kindergarten da. Eigentlich. Essen ist auch nicht so lecker, ja, was willst du noch wissen?"

Danach erkundige ich mich, wie es war, als Badu vor Gericht erfuhr, dass er in den Jugendarrest muss, und Badu erzählt: „Ja, erst mal ein Schock. Hab ich gar nicht erwartet. Ja, ging, erst mal hatte ich einen Schock und dann ging das alles." Ich erfahre, dass zwischen dem Urteil und dem Antritt des Arrests zwei, drei Monate vergingen, in denen er sich Sorgen machte, auf die er aber nicht näher eingeht. Anschließend erzählt Badu, wie es war, als er in die Arrestanstalt kam:

> „Du kommst da rein. Dann kommst du erst einmal in so eine schwarze Zelle. So zehn Minuten oder fünfzehn Minuten. Dann gucken die, in welche Zelle du rein kommst, dann musst du da rein gehen, dann kontrollieren die dich, ob du Sachen dabei hast und so, ja, dann musst du deine Sachen auspacken und so, hast dein eigenes Bett, mit eigener Toilette und so was, ja, soll ich dir noch einen Tagesablauf erzählen?"

Den Tagesablauf schildert Badu dann detailliert als ein strenges Zeitregime, in dem der ganze Tag durchstrukturiert und klar geregelt ist. Er erzählt dies als einen ständigen Wechsel zwischen Zeiten allein in der Zelle und Aktivitäten wie der Schule, den Mahlzeiten und der täglichen „Freistunde" auf dem Hof. Ich erfahre, dass die Teilnahme an der Schule im Jugendarrest verpflichtend ist und als Strafe „Einschluss" droht, das heißt, dann muss man den ganzen Tag (23 Stunden) allein in der Zelle verbringen und dort auch die Mahlzeiten einnehmen.

Badu erzählt dann, wie sich die Zeit in der Zelle angefühlt hat, und es entwickelt sich folgender Dialog zwischen uns:

> I: Ja. Ist das nicht einsam so allein in der Zelle?

> B: Doch. Man wird ruhiger.

> I: Man wird ruhiger?

> B: Mhm (bejahend).

> I: Kannst du das beschreiben? Wie du das meinst?

> B: Also viele von meinen Freunden meinten, wo ich rausgekommen bin, dass ich auf einmal so ruhig bin. Mit wem willst du auch reden? Mit der Wand? (schmunzelt) Normal. Da wird man ein bisschen ruhiger.

> I: Das finde ich spannend. Du bist ruhiger, das heißt, du redest nicht mehr so viel wie vorher?

> B (unterbricht): Ja, richtig. Davor war das, die ersten paar Tage hab ich nicht so viel geredet. Aber dann schon wieder.

> I: Kannst du das erklären, warum du da nicht so viel geredet hast?

B: Ich weiß nicht mehr. Ich glaube, ich hatte meine Depri-Phase (schmunzelt), so was. Man wird einfach ruhig, wenn man in seiner Zelle ist. Man ist die ganze Zeit ruhig, liest ein Buch oder malt oder so was. Und wenn man draußen ist, (...) weiß auch nicht, wie ich das beschreiben soll.

Badu erklärt mir, dass man in der Zelle nichts machen könne, außer lesen und zeichnen, und dass man dann viel nachdenke, darüber, ob man so etwas noch einmal erleben wolle. Ich frage, was das „Ergebnis" seines Nachdenkens gewesen sei, daran schließt sich folgender Dialog an:

B: Ich will so etwas nicht, aber (...). Wie soll ich das sagen, ne? Paar von meinen Freunden machen ja immer noch solche Sachen, ne. Wenn ich dabei bin, kann ich ja auch nichts ändern. (...)

I: Ja.

B: Aber ich mache so etwas nicht mehr.

I: Also du hast dir da vorgenommen, so was nicht mehr zu machen.

B: Geh immer weg, wenn die sich schlagen.

I: Und du meintest, dass du danach oder währenddessen so eine Depri-Phase hattest. Das finde ich total wichtig und spannend. Kannst du das beschreiben? Also einfach erzählen, wie sich das angefühlt hat?

B: Man fühlt sich einfach einsam in seiner Zelle, wenn man die ganze Zeit allein ist so. Denkt sich die ganze Zeit, was machen die anderen und so. Bist in deiner Zelle und so, du hörst die ganze Zeit Autos vorbeifahren und so was. Kannst nichts machen. So ist es.

I: Wie war das, als du zum ersten Mal eingeschlossen wurdest? Zum ersten Mal Einschluss war? Die erste Nacht.

B: Ja (unverständlich). Da habe ich mir gedacht, mmh, so ist das Jugendknast. Aber danach wurde es immer schlimmer. Also die ersten paar Tage waren am schlimmsten, aber dann hat man sich dran gewöhnt.

I: Ja, was war denn schlimm daran?

B: Mmh (fragend)?

I: Was war denn schlimm daran?

B: Einschluss?

I: Ja.

B: Wenn man in der Zelle drin war.

I: Ja.

B: Da waren noch so andere Jungs, mit denen ich draußen gar nicht chillen würde. Aber wenn du mit denen drinnen bist, dann seid ihr so wie Brüder, weißt du?

I: Mhm (bejahend).

Statt über den Einschluss redet Badu offensichtlich lieber über die „positiven" Seiten der Arrest-Erfahrung und berichtet nun davon, dass er sich mit den anderen Inhaftierten sehr gut verstanden habe, auch wenn da Leute dabei gewesen seien, mit denen er draußen nie etwas gemeinsam gemacht hätte. Sie hätten gemeinsam Essen und Geld geteilt und auch ansonsten stets zusammengehalten. Danach sprechen wir über die Justizmitarbeiter_innen und Badu erzählt, dass er diese sehr unterschiedlich erlebt habe. Manche seien ganz nett gewesen, andere hätten immer wieder – mit meinen Worten – Machtspiele veranstaltet, etwa wegen Kleinigkeiten, wie bei einem im Automaten stecken gebliebenen Euro darauf bestanden, dass ein schriftlicher Antrag bei der Anstaltsleitung gestellt werden müsse, bevor Badu ihn wiederbekomme, oder die begehrten Zeitungen nur an Inhaftierte verteilt, welche die Wärter_innen schon von früheren Arrestaufenthalten kannten. Anschließend geht es wieder darum, was Badu sich für die Zukunft vornimmt:

B: Ja, also, ich baue nicht mehr so viel Scheiße wie davor. Also ich gehe immer Stress aus dem Weg jetzt. Aber so viel hat sich jetzt auch nicht daran geändert.

I: Das hast du dir vorgenommen, damit du das nicht noch einmal erleben musst?

B: Stress aus dem Weg gehen, oder?

I: Ja.

B: Nur deswegen bin ich ja auch rein gekommen.

I: Und das hättest du dir nicht vorgenommen, wenn du nicht dort gewesen wärst?

B: Ich weiß nicht. Dann hätte ich vielleicht noch. Also kommt drauf an, wenn das unnötig ist, dann ist es unnötig. Wenn so etwas aber passiert oder die mehrere sind und auf meinen Freund drauf gehen oder so, dann muss ich ja auch was machen, ne? Ich kann ja nicht nur zugucken. Oder weggehen. Aber sonst geh ich Stress eigentlich aus dem Weg.

I: Das heißt, du kommst immer wieder in Situationen, wo du denkst, es geht nur mit Gewalt, weil Leute dich und deine Freunde angreifen oder so, und dann und das ist jetzt genauso wie vor der Haft?

B: Ja.

I: Hast du Angst davor, noch mal da rein zu kommen?

B: Angst nicht, aber einfach kein Nerv auf so was, ist unnötig. Das Zeitverschwendung.

I: Warum Zeitverschwendung?

B: Weil ich zwei Wochen was Besseres machen könnte, als im Jugendarrest zu sein, ne. Nächstes Mal wird's ja vielleicht auch länger. Übernächstes Mal geht's nach Hameln, dann sechs Monate, ne.

Im Folgenden komme ich noch einmal auf Badus Anfangserzählung zurück und versuche, die Dimension von Rassismus in seiner Erfahrung zu verstehen:

I: (...) Ganz am Anfang, als du beschrieben hast, was da passiert ist, weshalb du rein musstest, hast du gesagt, alle Schwarzen mussten raus, glaubst du, dass das was zu tun hat mit Schwarz-Sein, dass du da rein gekommen bist?

B: Also, die haben ja schon auch Nigger und so zu uns gesagt, also die haben auch rassistische Beleidigungen gesagt, und der Richter meinte, wir sollen auf so was nicht hören und die nicht direkt schlagen und so was.

I: Wer hat das gesagt?

B: Der Richter.

I: Nein, ich meine das mit dem N-Wort und den rassistischen Beleidigungen?

B: Diese Leute, mit denen wir uns geschlagen haben.

I: Und deswegen hast du so geschlagen? Wegen dieser rassistischen Beleidigungen.

B: Ja und weil der eine auf meinen Freund drauf gegangen ist.

I: Und ist so etwas im Jugendarrest auch passiert? Hattest du das Gefühl, dass es das auch gibt, so rassistische Beleidigungen?

B: Nein.

Zum Ende des Interviews fasse ich noch einmal einige Aussagen von Badu zusammen und versuche, noch einmal etwas über die emotionale Erfahrung von ihm zu erfahren:

I: Ja, du hast so ein bisschen beschrieben, dass es schwer war, wenn Einschluss war, und dass du danach so ruhiger warst, und du hast das Depri-Phase genannt. Das klingt so, als ob es dir da nicht so gut gegangen wäre. Weiß nicht, ob du dazu noch beschreiben kannst, die Gefühle, die du dabei hattest.

B: Was soll ich sagen, ne. Nur wenn du Einschluss hast, wenn du drinne bist, dann fühlst du dich richtig scheiße, ne, auch wenn du Freistunde hast, bist du trotzdem noch eingemauert. Wenn du so draußen mit den anderen bist, dann geht's dir ja schon besser. Wenn du mit anderen Leuten bist, weißt du, dann siehst du ein paar andere Leute, mit denen du auch reden kannst über so was. Aber wenn du in deiner Zelle bist, dann geht's dir echt scheiße, ne. Man wird aggressiv auch. Kein Plan, man.

I: Man wird aggressiv?

B: Ja.

I: Wie funktioniert das?

B: Man will irgendwas kaputt machen, ne. Weil du eingesperrt bist, du kommst da nicht raus. All so was.

Ganz zum Schluss betont Badu erneut, dass er nicht noch mal in den Jugendarrest will, weil er so etwas nicht wieder erleben will, aber dass er auch zweifelt, ob das klappen wird. Nachdem ich das Aufnahmegerät ausgeschaltet habe, unterhielten wir uns noch etwas weiter, bis Badu zurück in den Unterricht ging.

5.2.1 Badu: Tiefenhermeneutische Interpretation

Die erste Stelle, die wir in der Ig szenisch lasen und diskutierten, beinhaltete die Anfangserzählung von Badu (siehe oben). Diese löste bei den Igm Irritationen aus, weil sie einerseits sehr detailliert sei, andererseits wesentliche Informationen fehlen würden. So erfahren wir beispielsweise nicht, wer durchgesetzt hat, dass alle Schwarzen von der Party geflogen sind und wie das genau ablief, wie es zu der Messerattacke kam und was genau Badu nun gemacht hat bzw. ihm vorgeworfen wurde, wofür er den Arrest als Strafe bekommen hat. Die Anfangserzählung wirkte auf die Igm hektisch, „fetzenhaft" und sprudelnd. Ein Igm regte sich darüber auf, dass Badu nicht genau benennt, was er selbst gemacht habe, sondern irgendwie anderen die Schuld gebe. Da hielten andere Igm affektiv gegen, dass er vielleicht ja gar nichts gemacht habe und außerdem eben die gesellschaftlichen Verhältnisse und nicht so sehr sein individuelles Handeln Schuld seien, und zeigten so, dass sie sich mit Badu solidarisieren wollen. Schon in der Ig bildete sich daraufhin die Interpretation heraus, dass sich Badu jedenfalls im Zusammenhang mit der Tat nicht als autonom handelndes Subjekt wahrgenommen habe, sondern als irgendwie schicksalhaft den dynamischen Geschehnissen ausgeliefert.

Ebenfalls ausführlich wurde in der Ig über den Anfang von Badus Erzählung diskutiert, der damit beginnt, dass alle Schwarzen von einer Party geflogen seien. Das zeigt, dass für Badu der Jugendarrest in einem wesentlich Zusammenhang mit einem rassistischen Vorfall steht, über den er aber erst einmal nichts Ausführlicheres berichtet. Dies löste Irritationen aus und führte zu dem Eindruck, dass dies zwar für ihn von zentraler Bedeutung sei, er aber offensichtlich hier nicht die (emotionalen)

Ressourcen habe, da näher drauf einzugehen. Der Interviewer[8] fragt dazu auch nicht direkt nach, sondern erst zu einem deutlich späteren Zeitpunkt. Dort heißt es dann:

> I: Ganz am Anfang, als du beschrieben hast, was da passiert ist, weshalb du rein musstest, hast du gesagt, alle Schwarzen mussten raus, glaubst du, dass das was zu tun hat mit Schwarz-Sein, dass du da rein gekommen bist?
>
> B: Also, die haben ja schon auch Nigger und so zu uns gesagt, also die haben auch rassistische Beleidigung gesagt, und der Richter meinte, wir sollen auf so was nicht hören und die nicht direkt schlagen und so was.
>
> I: Wer hat das gesagt?
>
> B: Der Richter.
>
> I: Nein, ich meine das mit dem N-Wort und den rassistischen Beleidigungen?
>
> B: Diese Leute, mit denen wir uns geschlagen haben.
>
> I: Und deswegen hast du so geschlagen? Wegen dieser rassistischen Beleidigungen.
>
> B: Ja und weil der eine auf meinen Freund drauf gegangen ist.
>
> I: Und ist so etwas im Jugendarrest auch passiert? Hattest du das Gefühl, dass es das auch gibt, so rassistische Beleidigungen?
>
> B: Nein.

Einige Igm waren hier affektiv sauer und empört über den Richter, dessen lapidarer Ratschlag für rassistische Beleidigungen offenbar lautetet: einfach nicht hinhören. Die Gruppe war sich hier selten einig in der Empörung über den Richter. Es löste aber Irritationen aus, dass Badu nicht näher auf die rassistischen Erfahrungen eingeht und so klar verneint, dass es im Jungendarrest auch Rassismus gab. Gemeinsam reflektierte die Ig, dass sie sich offenbar wünschen würde, dass Badu noch ausführlicher Rassismus benennt, da dies aus einer antirassistischen Perspektive ein besonderes Solidaritätsangebot wäre. Diese Form von Solidarität birgt stets die Gefahr des Paternalismus (vgl. Brüggemann, 2013) und der Projektion und muss schon daher speziell in einer Interpretationsgruppe, die ausschließlich aus weißen Personen besteht, unbedingt reflektiert werden.

Eine weitere Stelle, die bei den Igm zahlreiche Assoziationen und affektive Reaktionen auslöste, war die Stelle, an der Badu sagt: „Dann kommst du erst einmal in so

---

[8] Ich schreibe hier von mir selbst in der dritten Person, um die Distanz zu markieren, die wir der interviewenden Person in der tiefenhermeneutischen Interpretationsgruppe gegenüber eingenommen haben.

eine schwarze Zelle." Igm äußerten, hier hätten sie sich erschrocken, es hätte sich etwas bei ihnen zusammengezogen, und es wurde geäußert, das habe man sich „richtig schlimm" vorgestellt. Es wurde diskutiert, ob ein Zusammenhang zwischen Badus „Schwarz-Sein" und der Formulierung „schwarze Zelle" besteht. Es wurden viele Assoziationen benannt, wie man sich die Zelle vorstelle, etwa wie ein Loch, wie ein kleines, enges, schwarzes Loch, wie ein Raum ohne Tageslicht, aber auch Bilder von schwarzen Türen oder schwarzen Möbeln werden benannt. Ein Igm regte es affektiv sehr auf, dass die Gruppe so lange darüber diskutierte, wie die Zelle als konkreter Ort denn genau ausgesehen haben mag. Unabhängig davon, wie diese Zelle tatsächlich aussah und warum Badu sie als „schwarze Zelle" benennt, deuten die heftigen affektiven Reaktionen der Igm auf den emotionalen Gehalt dieser Formulierung hin. So lassen die Reaktionen der Igm vermuten, dass die „schwarze Zelle" vor allem eine Erlebnisqualität bezeichnet, die als beschämend, erniedrigend und demütigend zu kennzeichnen ist und damit – unabhängig davon, ob es die „schwarze Zelle" als konkreten Ort gibt und wie dieser aussieht – zu der von Badu benannten „Depri-Phase" passt.

Im Weiteren gab es aber durchaus unterschiedliche Einschätzungen darüber, wie schlimm Badu den Arrestaufenthalt erlebt hat. Speziell die Stelle in der Anfangserzählung irritierte dabei:

> „Und wie es da war? Nicht gut, ne. Es geht, also, nur Einschluss, wenn du Einschluss hast, und du alleine in deiner Zelle bist, das fickt mein Kopf. Aber sonst, geht eigentlich, das kein richtiges Knast, das ist Kindergarten da. Eigentlich. Essen ist auch nicht so lecker, ja, was willst du noch wissen?"

Die Formulierung „das fickt mein Kopf" löste dabei bei Igm Gefühle wie Mitgefühl aus und es wurde beschrieben, dass man sich ganz schlecht fühle und sich diese Erfahrung als sehr drastisch und schlimm vorstelle. Dass Badu direkt danach meint, die JAA sei kein richtiger Knast und gar zu der totalen Verniedlichung greift und sie als Kindergarten bezeichnet, wurde in der Ig eher so erlebt, als tue er hier „cool". Das führt zu der Interpretation, dass Badu die Erfahrung als sehr schmerzhaft erlebt hat und zwar besonders die Zeit allein in der Zelle, den „Einschluss" als sehr belastend empfunden hat und das daher nur kurz benennen kann, aber dann gleich wieder abwehren muss, da es nicht zu seinem Selbstbild passt, schwach zu sein, Angst zu haben und eine solche Verletzung erlebt zu haben, und weil offenbar der psychische Schutzmechanismus der Abwehr funktioniert, der davor schützt, zu tief in belastende Erfahrungen einzudringen: So ist auch seine Gegenfrage „was willst du noch wissen?" möglicherweise eine Abwehr dagegen, jetzt noch tiefer in diese Erfahrung einzudringen. Dieser Wechsel mit den jeweils unterschiedlichen affektiven Reaktionen bei den Igm passt auch zu einigen anderen Stellen im Interview, wie etwa bei dem Satz: „Ja, erst mal ein Schock. Hab ich gar nicht erwartet. Ja, ging, erst mal hatte ich einen Schock und dann ging das alles." Gerade nachdem benannt wurde, dass es ein Schock für Badu war, in den Jugendarrest zu müssen, wird diese emotionale Erfahrung wieder abgewertet und gesagt, dass es schon alles irgendwie ging. Genau wie er auf die Frage „Hattest du da irgendwie Angst vor, oder Sorgen?" antwortet: „Sorgen, bisschen. Also kurz bevor ich da rein musste. (...) Ja. Hast du noch mehr Fragen?" Die Emotion „Sorge" kann benannt werden, wohingegen „Angst" nicht eingestanden werden kann. Die Gegenfrage symbolisiert wieder, dass Badu hier nicht weiter tiefer einsteigen mag. Die Erfahrung scheint zu schmerzhaft zu sein und mit der Gegenfrage gewinnt Badu wieder Kontrolle über die Situation. Über die emotionale Wirkung des Arrests erfahren wir trotzdem ausführlich in dem Gespräch, auch im folgenden Dialog:

I: Ja. Ist das nicht einsam so allein in der Zelle?

B: Doch. Man wird ruhiger.

I: Man wird ruhiger?

B: Mhm (bejahend).

I: Kannst du das beschreiben? Wie du das meinst?

B: Also viele von meinen Freunden meinten, wo ich rausgekommen bin, dass ich auf einmal so ruhig bin. Mit wem willst du auch reden? Mit der Wand? (schmunzelt) Normal. Da wird man ein bisschen ruhiger.

I: Das finde ich spannend. Du bist ruhiger, das heißt, du redest nicht mehr so viel wie vorher?

B (unterbricht): Ja, richtig. Davor war das, die ersten paar Tage. Hab ich nicht so viel geredet. Aber dann schon wieder.

I: Kannst du das erklären, warum du da nicht so viel geredet hast?

B: Ich weiß nicht mehr. Ich glaube, ich hatte meine Depri-Phase (schmunzelt), so was. Man wird einfach ruhig, wenn man in seiner Zelle ist. Man ist die ganze Zeit ruhig, liest ein Buch oder malt oder so was. Und wenn man draußen ist, (...) weiß auch nicht, wie ich das beschreiben soll.

An dieser Stelle sagte ein Igm, sie habe einen „Kloß im Bauch" gehabt. Es wurde die Vermutung geäußert, Badu fehlen hier die Begriffe, um seine emotional schmerzhafte Erfahrung zu artikulieren, und umschreibt sie daher mit „ruhiger werden". Die Stelle löste auch Irritationen aus, da Badu eigentlich erklären will, warum er *nach* dem JAA-Aufenthalt ruhiger war, und dies aber damit erklärt, dass man in der Zelle mit niemandem reden könne. Auf einer logisch verstehenden Ebene macht es keinen Sinn, das Nicht-Reden nach der Zeit im Jugendarrest mit dem Mangel an Gesprächspartner_innen in der Zelle zu erklären. Auf einer latenten Ebene sind diese Dinge aber für Badu offenbar verbunden: Er hat nach der Zeit im Jugendarrest weniger gesprochen und hatte eine „Depri-Phase", weil die Zeit in der Zelle, in der er mit niemandem sprechen konnte, so anhaltend belastend war.

I: Ja, was war denn schlimm daran?

B: Mmh (fragend)?

I: Was war denn schlimm daran?

B: Einschluss?

I: Ja.

B: Wenn man in der Zelle drin war.

I: Ja.

B: Da waren noch so andere Jungs, mit denen ich draußen gar nicht chillen würde. Aber wenn du mit denen drinnen bist, dann seid ihr so wie Brüder, weißt du?

I: Mhm (bejahend).

B: Wenn der andere das nicht mag, zum Beispiel beim Essen, dann gibst du ihm das. Wir haben beim Essen immer geteilt. Aber richtig. Ja und Geld auch. Für Cola und so was. Da gab es so ein Automat. Man konnt da halt Süßigkeiten und so was.

I: Was heißt das, wenn du sagst, mit denen würdest du sonst nicht rumhängen?

B: Ja, das waren so – wenn ich jetzt ehrlich bin –, so Dullis. So manchmal.

I: So was?

B: So manche waren da so richtige Dullis, mit denen ich eigentlich gar nicht chillen würde.

Auch hier findet wieder ein Wechsel von Badu statt: Eigentlich geht es darum, was schlimm daran war, allein in der Zelle zu sein, aber anstatt dies zu erzählen, wechselt Badu lieber das Thema und konzentriert sich auf etwas, was er positiv in Erinnerung hat: den Zusammenhalt mit den anderen Inhaftierten. In der Gruppe reinszenierte sich dies so, dass mit viel Vergnügen über die Formulierung „Dullis" gesprochen wurde und viel gelacht wurde und so in den Hintergrund geriet, dass es eigentlich um die schmerzhafte Erfahrung in der Zelle geht. Erst als ein Igm ein unbestimmtes Unbehagen mit dem Amüsement in der Gruppe in Szene setzte und dann benannte, wurde aufgedeckt, dass die Erzählung von diesen leichteren Erfahrungen in der Gesamterzählung Badus die Funktion erfüllt, von den schmerzhaften Erfahrungen abzulenken, ein affektives Angebot, welches auch die Ig offensichtlich gerne annahm. Es zeigt darüber hinaus, dass die Gemeinschaft der Inhaftierten die Funktion erfüllt, die als schmerzhaft erlebte Zeit im Jugendarrest erträglich zu machen.

In der Gruppe schwankte die Stimmung zwischen guter Laune und sehr konfrontativen Diskussionen. So wurden die Wechsel und Ambivalenzen von Badu in der Gruppe reinszeniert. In Badu findet sich auch diese Doppelheit hinsichtlich seiner Konsequenzen aus der Erfahrung. Einerseits nimmt er sich nun fest vor, nicht mehr straffällig zu werden, damit er so etwas nicht noch einmal erleben muss, andererseits rechnet er auch schon fest damit, wieder „rückfällig" zu werden: „Nächstes Mal wird's ja vielleicht auch länger. Übernächstes Mal geht's nach Hameln, dann sechs Monate, ne." Hierbei ist bemerkenswert, dass Badu gar nicht im Konjunktiv spricht, und während er im ersten Satz noch das Wort „vielleicht" beifügt, klingt der letzte Satz so, als gehe er fest davon aus, irgendwann in der JA Hameln zu landen.

In der Gruppe wurde diese pessimistische Stimmung reinszeniert und die Prognose teilweise geteilt. In Badus Aussagen fällt dabei auf, dass er nicht nur „ruhiger" und „depri" wird, sondern auch aggressiv:

> B: Was soll ich sagen, ne. Nur wenn du Einschluss hast, wenn du drinne bist, dann fühlst du dich richtig scheiße, ne, auch wenn du Freistunde hast, bist du trotzdem noch eingemauert. Wenn du so draußen mit den anderen bist, dann geht's dir ja schon besser. Wenn du mit anderen Leuten bist, weißt du, dann siehst du ein paar andere Leute, mit denen du auch reden kannst über so was. Aber wenn du in deiner Zelle bist, dann geht's dir echt scheiße, ne. Man wird aggressiv auch. Kein Plan, man.
>
> I: Man wird aggressiv?
>
> B: Ja.
>
> I: Wie funktioniert das?
>
> B: Man will irgendwas kaputt machen, ne. Weil du eingesperrt bist, du kommst da nicht raus. All so was.

Dieser Wechsel zwischen „ruhiger" werden und aggressiv werden, der sich auch in der Ig reinszenierte, passt auch zu der Doppelheit der Institution, die einerseits vorgibt, vor Aggressionen zu schützen bzw. einen Umgang damit zu lehren (einfach weghören) oder gar versucht, Aggressionen mit Trainingsmethoden wie einem „Anti-Aggressions-Training" abzutrainieren, und gleichzeitig gerade durch diese und die Gesamterfahrung aggressiv macht (vgl. Teil III).

5.3 Edin: Zusammenfassung des Interviews

Als ich zum Interviewtermin bei der JAA ankam, überkam mich ein mulmiges Gefühl, weil ich daran dachte, dass ich zuvor gerade gelesen hatte, dass der Jugendarrest in vielen Anstalten ohne Unterbrechung seit 1940 vollzogen wird.

Die Anstaltsleitung erzählte mir nach der Begrüßung, dass sie heute einen „richtigen Ganoven" für mich habe, der sicher spannend für meine Arbeit sei. Der Arrestant wurde geholt und wir nahmen wieder in dem Speisesaal der JAA Platz, wo wir erst einmal ungestört waren und mit dem Gespräch beginnen konnten. Edin ist, wie ich zum Ende des Interviews erfrage, 18 Jahre alt und wohnt zurzeit bei seiner Tante. Er hat einen Hauptschulabschluss und plant, nach der Zeit im JAA ein Praktikum als Wasser- und Gasinstallateur zu machen. Er sagt, er sei „halb Deutscher" und „halb Kroate", habe einen deutschen und einen bosnischen Pass. Er wirkt auf mich im Interview locker, lässig und betont „cool". Nachdem ich mich ausführlich vorgestellt habe, beginne ich mit meiner Einstiegsfrage und Edin erzählt daraufhin:

> „Also ich bin hier eine Woche erst mal. Ich war auch schon mal hier. Ich bin jetzt das dritte Mal hier. Sitze diesmal hier wegen Schwarzfahren in vier Fällen. Oder in fünf, kann ich Ihnen jetzt nicht genau sagen. Wie es mir hier geht, ja, geht, ne. So. (...) Keiner wünscht sich, eingesperrt zu sein, sagen wir mal so. Aber es geht. Ist ja nur für eine Woche. Man weiß, dass man nach kurzem Abschnitt wieder rauskommt. Was scheiße ist, was zeitaufwendig, dass die Zeit hier einfach langsamer vorbeigeht als draußen. Ja. (...) (...) Du bist eingesperrt. Was ich hier gut finde, dass du auf jeden Fall, (...) also auch oft draußen hier bist, also du hast deine Freistunde, du bist mit den Jungs hier zum Beispiel hier am Essen, hast ab und zu ne Gruppe, von Montag bis Freitag haben wir Schule, von 8:15 Uhr oder 8:30 Uhr bis 11:30 Uhr, ja, also du bist auch, bist nicht die ganze Zeit in deiner Zelle, sagen wir mal so. Die meiste Zeit, denke ich, wo du auf der Zelle bist, ist nach dem Mittagessen, weil da Schichtwechsel ist, danach, dann bist du meistens für ein, zwei Stunden oder drei Stunden auch durchgehend in der Zelle. Ja, sonst. (...) Haben Sie noch Fragen? (lacht)"

Ich frage ihn, was ihm durch den Kopf gegangen ist, als er erfahren hat, dass er wieder in den Jugendarrest muss, und er antwortet:

„Schon wieder eine Woche hier rein. Nur das eigentlich so, nichts, ich bin hier mit einem guten Gewissen, wenn ich, also beim ersten Mal habe ich mir schon erst mal gedacht, scheiße, wie wird es hier ablaufen, mit Bauchschmerzen und dies und das, weil ich kenn das ja nicht, aber beim zweiten und jetzt bei diesem Mal bin ich mit einem guten Gewissen reingegangen, weil ich weiß, hier habe ich Zeit für mich so, über mich nachzudenken, so, was war mein Fehler, was, warum bin ich hier oder was kann ich draußen ändern, was will ich draußen ändern, was will ich, wenn ich hier raus komme, draußen machen zum Beispiel. So.“

Dann berichtet Edin, dass er das erste Mal zwei Wochen im Jugendarrest war, das zweite Mal eine Woche, wie auch jetzt wieder. Danach erzählt er mir von dem typischen Tagesablauf im Jugendarrest. Auch in seiner Erzählung davon wird deutlich, dass alles klar geregelt und vorgegeben ist. Dabei offenbart seine Erzählung, dass Edin jede Gelegenheit nutzt, um zu versuchen, die Zeit außerhalb der Zelle auszudehnen. So erzählt er beispielsweise, dass sie versuchen würden, die Lehrer_innen zu überreden, dass sie länger Unterricht machen, damit sie danach direkt zum Mittagessen gehen könnten und nicht erst wieder in die Zelle gebracht werden. Er betont auch, ich hätte ihn gerade vor seiner Pause „gerettet“, weil die Insassen sonst auch in den Schulpausen zurück in ihre Zellen gebracht werden würden. Daraufhin frage ich ihn:

I: Ja. Und von dem Tagesablauf her, was findest du daran gut oder nicht gut, wie geht es dir dabei bei den einzelnen Sachen?

E: Gut eigentlich, ne. So ich find's gut, dass wir nicht so oft in der Zelle verbringen müssen, ja das ist eigentlich auch nur das einzige Gute. Sonst in der Zelle dort, Du langweilst dich dort, du kannst ja nichts machen, bis auf lesen, schlafen. Also ich zum Beispiel, wenn ich immer in der Zelle bin, dann versuche ich immer, zu schlafen, weil, so geht die Zeit am meisten, am schnellsten vorbei für mich. So weil, bringt mir nichts. Lesen tue ich auch, abends nur meistens, aber auch nur für ne halbe Stunde, Stunde. So du langweilst dich einfach mehr so in der Zelle. Du denkst zwar auch nach, so scheiße, wegen Schwarzfahren zum Beispiel sitze ich jetzt eine Woche Arrest. Hat sich das gelohnt fürs Schwarzfahren? Warum habe ich mir keine Fahrkarte gekauft? Zum Beispiel jetzt. So ne, nur Langeweile eigentlich.

Danach berichtet Edin, wie es dazu gekommen ist, dass er wegen des Schwarzfahrens in den Jugendarrest musste. Er erklärt mir, dass es üblicherweise, nachdem man dreimal erwischt wurde, zur Anzeige komme, er aber öfter als dreimal erwischt wurde. Deswegen und aufgrund seiner Vorstrafen habe ich dafür 40 Sozialstunden und eine Woche im Jugendarrest bekommen. Vorbestraft sei er wegen „Diebstahl, Körperverletzungen, Raub, Schwarzfahren jetzt, nochmal Diebstahl“ und fügt hinzu: „Ja, das war's, glaube ich, schon.“ Wir kommen danach zurück auf die „Langeweile" in der Zelle zu sprechen und ich frage ihn, ob man immer in einer Einzelzelle untergebracht ist. Daraufhin erklärt Edin:

> Nicht immer, zum Beispiel, wenn wir hier Kandidaten haben, die Selbstmordgedanken oder so haben, kommen die in der Doppelzelle, so, also sagen wir mal, ich zähle mich jetzt damit mal hinein, zum Beispiel, wenn ich jetzt Selbstmordgedanken hätte, dann müsste ich das denen ja sagen, dann komme ich in eine Doppelzelle mit einem anderen und der andere soll mich dann halt so davon ablenken. Man kann auch einen Antrag auf Doppelzelle stellen, hier bei der XXX[9], ob sie es erlaubt, ist ihre Sache (lacht etwas). Ja, sonst, in der Regel eigentlich Einzelzelle, ne.

Er berichtet dann, dass er beim ersten Mal auch in einer Doppelzelle untergebracht war, dass ihm die Unterbringung in einer Einzelzelle aber besser gefalle, weil man in einer Doppelzelle keine Privatsphäre hätte und zum Beispiel auch vor dem anderen auf Toilette gehen müsse:

> E: Einzelzelle. So. Also Doppelzelle auch, aber in der Einzelzelle hast du mehr so privat, was du so privat machst, zum Beispiel, du gehst jetzt nicht groß machen gerne neben einem anderen. So und das machst du ja in Einzelzelle alleine halt, ne.
>
> I: In der Doppelzelle ist dann auch die Toilette einfach …
>
> E (unterbricht): Nicht frei, da ist so eine Kabine, kann man zwar die Tür zumachen, aber trotzdem halt unangenehm, weil die andere Person immer noch im Raum ist halt, ne.

In der Einzelzelle könne man aber nichts machen, außer „paar Liegestütze, Sit-ups, Klimmzüge, (...) Schlafen, wie gesagt". Die Fenster seien zwar vergittert, aber „wir haben jetzt neue Fenster bekommen", berichtet Edin und erzählt, dass man aus diesen schon herausgucken könne, auch wenn sie mit einem Sichtschutz überzogen seien. Es gebe kleine Löcher, durch die man gucken könne. Ich frage ihn, was einem in der Zelle durch den Kopf ginge und wie man sich dabei fühle, und es ergibt sich folgender Dialog:

> E: Man fühlt sich bisschen ekelig. Also ich fühle mich ekelig so, weil ich eingesperrt bin. So, wenn die Tür zum Beispiel offen wäre, dann würde mich das gar nicht interessieren, so. Dann weiß ich so, ich kann gehen und kommen, wann ich will, so gesehen. Aber ich würde da halt da bleiben, weil das meine Strafe ist, ich will ja nicht meine Strafe verzögern. Lieber mache ich das jetzt, und später habe ich frei. So wie Sie, lieber machen Sie jetzt Ihre Arbeit und später das Vergnügen halt. So dies, nur dies Einschließen so, wenn der Wärter die Tür zumacht, das schon bisschen komisch, hat man auf jeden Fall ein komisches Gefühl und man denkt sich halt, hat sich das gelohnt, für die Strafsache, sag ich mal, eine Woche oder zwei oder vier Wochen hier zu sitzen, ne (unverständlich).
>
> I: Du meinst, man fühlt sich ekelig. Kannst du das beschreiben?

---

[9] Die Anstaltsleitung.

E: Ja, du willst da halt nicht rein, ne. Du willst ja nicht freiwillig rein, du wirst so gesehen gezw-, was heißt gezwungen, du musst da rein, so gesehen, du musst deine Strafe
absitzen, und dann bist halt in der Zelle drinnen, und du, was ich mit ekelig meine so, du
kannst nichts machen. So außer die Sachen, die ich grad gesagt habe, zum Beispiel vielleicht 'n paar Klimmzüge, Liegestütze, Sit-ups, hin- und herlaufen, viell- hätte ich zum
Beispiel ein Fernsehen drinnen, würde das für mein wie ein zweites Zuhause sein (lacht
etwas). So, dann würde die Zeit auch viel schneller vorbei gehen. Die Zeit spielt auf jeden Fall hier eine große Rolle für mich. Weil ich denke mir, die Zeit für mich kommt mir
gerade vor wie 15 Uhr, für Sie normal wie 10 Uhr. 12 Uhr. Wie spät haben wir es? Halb
11. So für uns ist es schon so 15 Uhr, 16 Uhr. So. Man denkt sich, scheiße, noch drei,
vier Stunden. Dann ist der Tag erst, so gesehen, für uns vorbei. Ich gehe zum Beispiel
immer direkt nach dem Einschluss schlafen. 18 Uhr gehe ich hier schlafen. Draußen gehe
ich um 22/23 Uhr schlafen. Das halt ekelig.

I: Ja. Klappt das mit dem Schlafen, dass du sagst, die Zeit geht am schnellsten rum, wenn
man schläft, und dann schläfst du von 18 Uhr, bis ihr geweckt werdet?

E: Nein, also ich stehe schon oft auf in der Nacht. Aber halt dann nur 5 bis 10 Minuten.
Dann schlaf ich auch wieder ein. Aber das auch so drei-, viermal in der Nacht. Sonst
klappt's eigentlich so.

Danach geht es im Gespräch darum, mit wem man im Jugendarrest Kontakt hat.
Edin erzählt, dass man quasi jeden Tag ein kurzes (meist 15-minütiges) Gespräch
habe, bei der Aufnahme mit der Anstaltsleitung, dann mit einer Psychologin, mit
einem Arzt, mit einem Richter und dann noch Gruppengespräche mit den Wär-
ter_innen. Von dem Arzt habe er sich eine Schlaftablette geben lassen, weil er nicht
gut einschlafen könne. Er befürchtet aber, diese sei nur ein Placebo, weil sie bei
ihm nicht wirke. Die Gespräche würden nichts „bringen", aber er mache sie trotzdem immer mit, „besser als in der Zelle". Ich komme dann darauf zu sprechen, was
sich für Edin durch den Jugendarrest ändert, und Edin meint:

E: Nichts, nichts, nichts. Also es hat sich nichts geändert, nachdem ich auch das erste
Mal, das zweite Mal, jetzt beim dritten Mal, so normal, ich selber von mir, will mich
auch ändern, ich will auch weniger Straftaten machen. Am besten gar keine jetzt, wenn
ich hier raus komme, habe ich ein Praktikum gefunden als Wasser-Gasinstallateur, wenn
das gut klappt ne Ausbildung, dann hoff ich mal, dass ich nicht mehr hier rein komme.
Also man möchte schon nicht hier rein, aber man denkt sich zum Beispiel, wenn man
10.000 macht draußen, diese eine Woche chillen hier ist doch gar nicht, du kommst raus,
hast deine 10.000 Euro so, denkt man sich, aber so ist es trotzdem kacke, hier drinnen zu
sitzen.

I: Also du sagst, du willst dich ändern, aber deine Erfahrung ist, dass das hier nichts
bringt.

E: Es bringt nichts, nein. Ich denke mal schon, dass es erst was bringen würde, wenn man
jemanden sechs Monate, ab sechs Monate Jugendstrafe, also zum Beispiel Hameln oder

keine Ahnung was für Schulden auch Erwachsene, wenn man schon für mehrere Jahre weggesperrt ist, dann denke ich mal, dass das was bringt, aber hier kommt man ja nur für vier Wochen rein. Man hat immer den Gewissen, du kommst raus. Allerhöchstens in vier Wochen, mindestens für zwei Tage, du wirst auf jeden Fall wieder raus kommen.

Kurze Zeit später frage ich ihn, ob er Angst hat, „nach Hameln", in den Jugendvollzug, zu kommen, und Edin antwortet:

E: Mhm (verneinend). Nach Hameln bisschen, also was heißt Angst. [I: Oder Sorge.] Kopfschmerzen halt, die sind schon da, scheiße, jetzt reiß dich mal zusammen, du musst, verdien jetzt mal, du kommst nach Hameln, so, aber Angst nicht. Ich würde meine Zeit auf jeden Fall absitzen, würde auch keine Flucht ergreifen wie paar Leute. Hier in XXX habe ich nie so Angst gehabt, bin ich immer, wie gesagt, außer beim ersten Mal hatte ich schon so, also keine Angst, aber schlechtes Gewissen, scheiße, wie läuft das jetzt hier ab, aber bei den anderen zwei Malen nicht, also das andere Mal bin ich mit gutem Gewissen hier rein gekommen, weil ich Zeit für mich hab halt. Du bist alleine in der Zelle, du kannst über dich nachdenken. Warum du hier sitzt, dies und das halt, ne.

Zum Ende des Interviews sprechen wir noch darüber, wie das anfing, dass Edin straffällig wurde. Er berichtet:

E: Ich weiß es nicht, auf jeden Fall, ich bin straffällig geworden, seit ich zu meinem Vater gezogen bin, ich glaube so, wo ich bei meiner Mutter gewohnt habe, hatte ich viel Angst vor Schlägen, sagen wir mal so, weil, sagen wir mal, ich bin mit einer fünf nach Hause gekommen, hab direkt eine Ohrfeige bekommen, und das will kein Kind haben halt, ne.

Und er erzählt, dass die erste Straftat der Diebstahl eines Playstationspiels war, das er unbedingt haben wollte.

Zum Ende des Interviews berichtet Edin noch einmal von seiner Strategie, so schnell wie möglich zu schlafen, sobald er in der Zelle ist, das wolle er nun die letzten drei Tage auch noch versuchen.

Nach dem Interview meinte Edin, das Interview hätte er interessant gefunden und es hätte gut getan.

Als wir fertig waren, fragte er einen Wärter, ob er zurück in die Schule könne, dieser verneinte das und brachte ihn in seine Zelle. Danach bat ich die Leitung der JAA, mich noch herumzuführen, was sie gerne machte. Ich war doch ziemlich emotional getroffen von dem Eindruck der Zellen, die mir sehr trostlos erschienen und die wirklich sehr klein und karg sind. Ich merkte, dass es noch einmal etwas ganz anderes ist, dies mit eigenen Augen zu sehen und in einer solchen Zelle zu stehen, als nur davon zu hören. Besonders überrascht war ich davon, obwohl Edin das ja erzählte, dass die Fenster nicht nur vergittert sind, sondern auch so hoch an-

gebracht und teilweise mit einem Sichtschutz überzogen sind, dass man kaum raus-
gucken kann.

5.3.1 Edin: Tiefenhermeneutische Interpretation

In der Ig starteten wir mit der Stelle, in der Edin berichtet, dass er sich „ekelig" in
der Zelle fühle, weil mehrere Igm äußerten, dass sie hier traurig geworden seien
und dass sich bei ihnen ein „Kloß im Hals" gebildet hätte.

> „Man fühlt sich bisschen ekelig. Also ich fühle mich ekelig so, weil ich eingesperrt bin.
> So, wenn die Tür zum Beispiel offen wäre, dann würde mich das gar nicht interessieren,
> so. Dann weiß ich so, ich kann gehen und kommen, wann ich will, so gesehen. Aber ich
> würde da halt da bleiben, weil das meine Strafe ist, ich will ja nicht meine Strafe verzö-
> gern. Lieber mache ich das jetzt, und später habe ich frei. So wie Sie, lieber machen Sie
> jetzt Ihre Arbeit und später das Vergnügen halt. So dies, nur dies Einschließen so, wenn
> der Wärter die Tür zumacht, das schon bisschen komisch, hat man auf jeden Fall ein ko-
> misches Gefühl und man denkt sich halt, hat sich das gelohnt, für die Strafsache, sag ich
> mal, eine Woche oder zwei oder vier Wochen hier zu sitzen, ne (unverständlich)."

An dieser Stelle wird sehr deutlich, wie sehr Edin unter der Zeit in der Zelle leidet.
In der Ig löste dies Mitgefühl aus. Es verwunderte einige Igm aber auch, dass er die
Zeit außerhalb der Zelle – an dieser und anderen Stellen – als überhaupt nicht
schlimm beschreibt und dass nur die Zeit in der Zelle als erniedrigend wahrgenommen werde, der Rest für ihn normal sei, sogar an verschiedenen Stellen als angenehm beschrieben werde. Das löste wiederum differente Gefühle bei Igm aus.
Ein Igm argumentierte, sie nehme ihm dies nicht ab, ein anderes Igm teilte mit,
dass sie das sehr besorgen würde, dass er den Arrest fast schon als angenehm
wahrnehme.

Als besonders irritierend wurde in der Ig Edins Vergleich „So wie Sie, lieber machen Sie jetzt ihre Arbeit" wahrgenommen. Es sei merkwürdig, dass er seinen Arrestaufenthalt mit der Arbeit des Interviewers gleichsetzt. Offensichtlich sieht Edin
es so, dass jeder seine Aufgabe, seine Rolle hätte und seine eigene sei halt, im Jugendarrest zu sitzen. Die Irritation führte zu der Interpretation, dass der Jugendarrestaufenthalt offenbar ein fester Teil von Edins Identitätskonstruktion ist, der quasi
seine Arbeit und sein Schicksal ist, die er immer wieder ertragen muss, so wie andere Leute auch ihre Aufgaben, ihre Arbeit machen müssten. Dies wurde in der Ig
als ein „völliges Abfinden" mit der Situation interpretiert.

Ja, du willst da halt nicht rein, ne. Du willst ja nicht freiwillig rein, du wirst so gesehen gezw-, was heißt gezwungen, du musst da rein, so gesehen, du musst deine Strafe absitzen, und dann bist halt in der Zelle drinne, und du, was ich mit ekelig meine so, du kannst nichts machen.

Die Ig irritierte es sehr, dass Edin hier offenbar kaum aussprechen kann, dass er zum Jugendarrest gezwungen wird. Aus der Perspektive der Gruppe war es völlig unstrittig, dass ein Jugendarrestaufenthalt nichts ist, was man freiwillig macht und zudem man natürlich von Staat und Justiz gezwungen wird. Edin scheint sich aber so mit der Einrichtung zu identifizieren, dass er dies kaum oder nur sehr zögernd und einschränkend benennen kann. Seine Identifikation mit der Jugendarrestanstalt fällt auch noch an anderen Stellen auf, etwa wenn Edin erzählt:

„Ja, aber trotzdem so, wir haben jetzt neue Fenster bekommen, damals waren die Fenster wie hier jetzt zum Beispiel[10], die eine Hälfte ist bedeckt, du kannst ja nichts sehen, und dann ganz oben konntest du was sehen, aber das haben die, glaube ich, extra gemacht, weiß ich nicht."

Die Erzählform erinnerte hier Igm an die Erzählungen eines langjährigen Mitarbeiters oder eines Hausmeisters. Edin benutzt hier das „wir", was seine Identifikation mit der Anstalt unterstreicht, und kann Vergleiche zu „damals" ziehen, was zeigt, dass er die JAA schon lange kennt. Allerdings bleibt die Identifikation nicht ungebrochen, denn im zweiten Teil des Satzes heißt es „du kannst ja nichts sehen ... das haben die glaube ich extra gemacht". Hier wird im Gegensatz zum Anfang deutlich, dass er doch zu denen gehört, die nicht darüber entscheiden können, was in der Anstalt passiert, sondern zu denen, die von den Entscheidungen als Arrestanten betroffen sind.

Eine andere Stelle, die in der Gruppe erst Irritationen auslöste und dann den Eindruck verstärkte, dass Edin sich mit der JAA identifiziert, ist folgende:

Nicht immer, zum Beispiel, wenn wir hier Kandidaten haben, die Selbstmordgedanken oder so haben, kommen die in Doppelzelle, so, also sagen wir mal, ich zähle mich jetzt damit mal hinein, zum Beispiel, wenn ich jetzt Selbstmordgedanken hätte, dann müsste ich das denen ja sagen, dann komme ich in eine Doppelzelle mit einem anderen und der andere, soll mich dann halt so davon ablenken. Man kann auch einen Antrag auf Doppelzelle stellen, hier bei XXX[11], ob sie es erlaubt, ist ihre Sache (lacht etwas). Ja, sonst, in der Regel eigentlich Einzelzelle, ne.

---

[10] Zeigt auf die Fenster im Raum mit Milchglas.
[11] Die Anstaltsleitung.

Die Formulierung „wenn wir hier Kandidaten haben" weckt wieder eher den Eindruck, hier spreche ein Wärter und nicht ein Inhaftierter. Doch auch hier wird die Identifikation brüchig, wenn es heißt „ob sie es erlaubt, ist ihre Sache". Nachdem die Irritation an dieser Stelle in der Ig benannt wurde, zeigte sich ein gewisses Unbehagen, tiefer einzusteigen. Dies inszenierte sich dadurch, dass die Gruppe erst einmal eine kleine Pause machte, Kaugummis verteilte und kurz in Smalltalk abdriftete. Alleine das Thema „Selbstmord" löste offenbar eine starke Abwehr aus, die zuerst eine konzentrierte Diskussion verhinderte. Dann löste die Stelle aber wilde Diskussionen aus und es wurde spekuliert, ob Edin sich vielleicht tatsächlich als selbstmordgefährdet sieht und das hier verklausuliert mitteilt. Andere Igm wehren sich gegen solch eine „plumpe" Interpretation. Klar ist, dass diese Frage aus dem Material nicht aufzulösen ist und es in einer tiefenhermeneutischen Interpretation nicht darum geht, Diagnosen zu stellen. Festzuhalten bleibt aber, dass die umständliche Formulierung „ich zähle mich jetzt damit mal hinein" usw. Irritationen auslöst. Eine Interpretation, warum es zu dieser Satzkonstruktion kommt, ist, dass es hier genau um den benannten Konflikt geht: Einerseits identifiziert sich Edin mit der JAA, sieht sie quasi als sein Zuhause und redet mit mir wie ein langjähriger Mitarbeiter der Einrichtung und andererseits ist er als Arrestant in einem Zwangsverhältnis zu der Institution, wird eingesperrt und leidet darunter sehr. Der Wechsel zwischen diesen beiden Positionen findet hier über die Irritation auslösende Redewendung statt.

Neben dieser ambivalenten Identifikation mit der Institution Jugendarrestanstalt zeigt Edin eine Vielzahl von Anpassungsmechanismen und „Aushaltestrategien". Eine dieser Strategien, mit denen Edin versucht, die unerträgliche Zeit in der Zelle zu bewältigen, ist es, immer nach Einschluss sofort zu schlafen.

> Also ich zum Beispiel, wenn ich immer in der Zelle bin, dann versuche ich immer, zu schlafen, weil, so geht die Zeit am meisten, am schnellsten vorbei für mich. So weil, bringt mir nichts.

Etwas später im Interview wird aber deutlich, dass die Strategie nicht fehlerfrei funktioniert:

> E: Ich gehe zum Beispiel immer direkt nach dem Einschluss schlafen. 18 Uhr gehe ich hier schlafen. Draußen gehe ich um 22/23 Uhr schlafen. Das halt ekelig.

I: Ja. Klappt das mit dem Schlafen, dass du sagst, die Zeit geht am schnellsten rum, wenn man schläft, und dann schläfst du von 18 Uhr, bis ihr geweckt werdet?

E: Nein, also ich stehe schon oft auf in der Nacht. Aber halt dann nur 5 bis 10 Minuten. Dann schlaf ich auch wieder ein. Aber das auch so drei-, viermal in der Nacht. Sonst klappt's eigentlich so.

Und noch später im Interview, als es um den Anstaltsarzt geht, berichtet Edin gar:

... ich habe zum Beispiel gesagt, ich kann nicht gut einschlafen, ich hab jetzt ne Schlaftablette bekommen, die nicht wirkt (lacht etwas). Placebo-Effekt, denken die sich halt, man denkt sich, die wirkt, und dann schläft man halt ein.

I: Also weißt du das sicher, dass das eine Placebo-Schlaftablette ist? Hat er das gesagt?

E: Nein, aber ich bin mir hundertprozentig sicher, weil ich dadurch nicht einschlafen kann. Also was heißt, nicht einschlafen kann, ich merke den Unterschied zwischen den Schlaftabletten, die mein Vater mir gibt, und diesen hier. So, bei den Schlaftabletten, die mein Vater mir gibt, bin ich nach einer halben Stunde auf jeden Fall weg und hier, ich kann 2-3 Stunden noch tanzen, zum Beispiel. So, also das ist keine, die Tablette wirkt nicht so. Aber trotzdem, man hofft.

I: Das Einschlafen ist schwer.

E: Ja, auf jeden Fall. Die Matratzen sind hier auch sehr hart. Du hast auch ungefähr nur so ein Kissen (...).

Zum Ende des Interviews betont Edin dann noch einmal:

Ich lese nicht viel, ich versuche die Zeit so schnell wie möglich zu schlafen überzugehen, weil es wirklich die einzige Möglichkeit ist, wie auch, wie gesagt, die Zeit geht so einfach am schnellsten vorbei, wenn ich schlafe, weil, dann weiß ich zum Beispiel nicht, wie spät es ist, schlafe ich einfach nur. (...) Das versuche ich jetzt die letzten drei Tage auch noch.

In der Ig wurde immer wieder der Eindruck geäußert, es falle schwer, Edin zu fassen zu bekommen, sich ein Bild von ihm zu machen. Das passt dazu, dass die Schilderungen von Edin so ambivalent sind. Auf der einen Seite betont er seine Strategie, immer gleich zu schlafen, sobald er in der Zelle ist, zum anderen kommt heraus, dass genau das Schlafen das ist, mit dem er solche Probleme hat, dass er den Arzt um Schlaftabletten gebeten hat. Ein Ig war hier empört und fühlte sich von Edin „verarscht". Edin sieht es manifest offensichtlich so, dass er den Arrest relativ gut mit seiner „Schlaftechnik" bewältigen kann, aber es schwingt schon immer mit, dass es doch nicht so gut funktioniert. Richtig offen ausgesprochen werden kann dies erst an der Stelle mit dem Arzt, wo es auf einer manifesten Ebene nicht mehr um das Aushalten des Einschlusses geht.

Auch andere Strategien, die er anwendet, scheinen nicht ganz zu funktionieren:

> Dann haben die Schule bis 11:30 Uhr oder, wenn wir die Lehrer überreden können, bis 12 Uhr.

Und dann später auf Nachfrage:

> I: Du hast jetzt gesagt, ihr überredet, ihr versucht den Lehrer zu überreden, dass das noch eine halbe Stunde länger geht, die Schule? Das ja ungewöhnlich. Warum macht ihr das? Warum Lust auf Schule?

> E: Keine Lust in der Zelle eher gesagt. So weil, die meisten finden es unnötig, jetzt um 11:30 Uhr Schluss zu machen und dann halbe Stunde in der Zelle zu sitzen und dann um 12 Uhr wieder runter zu kommen. So dann versuchen wir meistens bis 12 Uhr den Unterricht hinauszuzögern, zum Beispiel heute klappt es vielleicht, meinte der Lehrer, letzten vier Tagen, wo ich jetzt hier war, hat's nicht geklappt, da haben wir immer um 11:30 Uhr Schluss gemacht, weil die Lehrerin noch ne andere Arbeitsstelle hat und um halb eins dann da sein muss und angeblich eine Stunde von hier fährt (lacht etwas), ja sonst.

Edins Verhalten wird so wesentlich von den Bedingungen der Institution bestimmt. Als erfahrener Insasse hat er sich dabei eine Reihe von Strategien zugelegt, mit denen die Zeit, das Alleinsein in der Zelle so gut wie möglich verhindert werden soll. Damit kommt er aber aus dem Zwangsverhältnis JAA nicht heraus und daher bleiben die Techniken mäßig erfolgreich.

In der Gruppe wurde nicht nur ständig zwischen verschiedenen Stellen im Interview gesprungen, sondern auch die Stimmung änderte sich permanent und einzelne Igm äußerten immer wieder widersprüchliche Eindrücke, sodass insgesamt ein sehr diffuses Bild von Edin entstand. Auch dieses Geschehen in der Ig hat etwas mit dem Material zu tun:

Edin beschreibt auf der einen Seite sehr eindrücklich, dass es ihm wirklich schlecht geht in der Zelle. Seine Schilderung, wie und warum er sich ekelig fühlt, löste bei den Igm Mitgefühl aus, genau wie seine sehr einprägsame Darstellung von der Bedeutung der Zeit im Arrest:

> Was scheiße ist, was Zeitaufwendig, dass die Zeit hier einfach langsamer vorbeigeht als draußen. Ja. (...) (...) Du bist eingesperrt.
>
> ...

Die Zeit spielt auf jeden Fall hier eine große Rolle für mich. Weil ich denke mir, die Zeit für mich kommt mir gerade vor wie 15 Uhr, für Sie normal wie 10 Uhr. 12 Uhr. Wie spät haben wir es? Halb 11. So für uns ist es schon so 15 Uhr, 16 Uhr. So. Man denkt sich, scheiße, noch drei, vier Stunden. Dann ist der Tag erst, so gesehen, für uns vorbei. Ich gehe zum Beispiel immer direkt nach dem Einschluss schlafen. 18 Uhr gehe ich hier schlafen. Draußen gehe ich um 22/23 Uhr schlafen. Das halt ekelig.

Diese Stellen lösten in der Ig Mitgefühl aus und vermittelten das Gefühl, dass Edin wirklich im Jugendarrest leidet. Auf der anderen Seite steht aber die beschriebene Identifikation mit der Institution, die Irritation auslöste. Und dazu kommen noch Stellen, die nach der totalen Abfindung mit der Situation, fast schon mit einer Zufriedenheit mit dem Arrestaufenthalt klingen.

Gut eigentlich, ne. So ich find's gut, dass wir nicht so oft in der Zelle verbringen müssen, ja das ist eigentlich auch nur das einzige Gute.

… also das andere Mal bin ich mit gutem Gewissen hier rein gekommen, weil ich Zeit für mich hab halt. Du bist alleine in der Zelle, du kannst über dich nachdenken. Warum du hier sitzt, dies und das halt, ne.

…

diese eine Woche chillen hier

…

hätte ich zum Beispiel ein Fernsehen drinne, würde das für mein wie ein zweites Zuhause sein

…

Dann denkst du, was du drinnen erlebst, was du draußen erlebst. Drinnen erlebst du Schule, Arbeit, Essen, die Insassen, draußen, du findest jeden Tag was Neues.

Diese positiven Beschreibungen im Kontrast zu den anderen, Mitgefühl auslösenden Stellen lösten starke Irritationen aus und führten dazu, dass das Bild in der Ig von Edin insgesamt diffus blieb und man schnell sprunghaft die Textstellen wechselte. Dazu kam in der Gruppe so etwas wie gleichzeitige Begeisterung und Verwunderung darüber auf, wie stark sich Edin an die Institution anpasst und wie sehr sein Verhalten von den Bedingungen in der Institution geprägt ist.

Dieser Eindruck wurde dadurch verstärkt, dass die Kritik, die Edin äußert, keine Kritik am JAA an sich oder seiner Situation insgesamt ist, sondern eher auf der Ebene der Verbesserungsvorschläge fungiert:

> hätte ich zum Beispiel ein Fernsehen drinne, würde das für mein wie ein zweites Zuhause sein

> Die Matratzen sind hier auch sehr hart. Du hast auch ungefähr nur so ein Kissen.

> So, wenn die Tür zum Beispiel offen wäre, dann würde mich das gar nicht interessieren, so.

Die Ig verwunderte diese „immanente Kritik", weil sie eine deutlich allgemeinere Kritik und Klagen von einer Person, die zum dritten Mal im Jugendarrest sitzen muss, erwartete. Die Form der Kritik assoziierten die Igm mit einer Box mit Verbesserungsvorschlägen in einem Sommercamp, in das man jedes Jahr wieder fährt und in dem eine Feedbackbox aufgestellt wird, in die man seine Verbesserungsvorschläge fürs nächste Jahr einwerfen kann. So werden das Abfinden mit dem Jugendarrest, die Anpassungsversuche und die ambivalente Identifikation mit der Institution durch die Assoziationen der Igm nochmals deutlich.

5.4 Haftschaden – Zusammenfassung der Ergebnisse

Die zusammengefassten und interpretierten Gespräche mit Jugendarrestanten zeigen, dass sich Jugendarrestanten im Zusammenhang mit ihrer Tat potentiell als nicht verantwortlich fühlen, sondern dass sie sich als quasi schicksalhaft der gesellschaftlichen Dynamik ausgeliefert empfinden. Zusätzlich dazu nehmen sie ihre Verurteilung teilweise in einem Begründungszusammenhang mit Rassismuserfahrungen wahr.

Die Zeit im Jugendarrest ist für sie – besonders beim ersten Aufenthalt in einer JAA – ein Schock. Es ist eine schmerzhafte, beschämende, erniedrigende Erfahrung. Besonders die Zeit, in der sie in ihrer kleinen Zelle allein eingeschlossen sind, beschreiben sie als psychisch sehr belastend. Diese Erfahrung ist so extrem, dass sie abgewehrt werden muss und nur in Teilen offen benannt werden kann. Damit es psychisch irgendwie aushaltbar ist, wird von den Arrestanten immer wieder versucht, den Aufenthalt als zumindest ein Stück weit subjektiv sinnvoll zu konstruieren. Aufgrund dieser extrem belastenden Erfahrung nehmen sich die Arrestanten vor, nicht mehr straffällig zu werden, dies wollen sie nicht noch einmal erleben. Gleichzeitig befürchten alle, wieder rückfällig zu werden, und kommen zu pessimistischen Prognosen und rechnen teilweise fest damit, demnächst im Jugendstrafvollzug zu landen. Dabei steht der Jugendarrest für die Betroffenen für ein allgemeines Scheitern und dafür, keine Chance mehr zu haben. Es bildet sich so im Jugendarrest verstärkt ein Selbstbild als Gescheiterter und Krimineller heraus, der Jugendarrest wird ein fester Bestandteil ihrer Identitätskonstruktion, was so weit gehen kann, dass sich Arrestanten mit der Jugendarrestanstalt und ihren Regeln und Prinzipien psychisch zu identifizieren scheinen. Die Haft wird dabei als krank und aggressiv machend beschrieben, wodurch die Inhaftierten befürchten, auch nach der Zeit im Jugendarrest nachhaltig in diesem Sinne verändert zu sein: dass sie weiter unter der belastenden Erfahrung leiden und potentiell aggressiver auf ihre Umwelt reagieren.

Während des Arrestaufenthalts zeigen sie eine Reihe von Anpassungsmechanismen, mit denen der Aufenthalt erträglicher werden soll. Ihr Verhalten in der Jugendarrestanstalt wird so im Wesentlichen von den Bedingungen der Haft und der Institution bestimmt und nicht von ihrer Delinquenz und einer möglichen „Besserung".

Die Ergebnisse des empirischen qualitativen Teils veranschaulichen und bestärken so die zuvor gemachten theoretischen Überlegungen und zeigen dabei ergänzend die Folgen dieser gesellschaftlichen und institutionellen Bedingungen für die betroffenen Subjekte.

Die Kernthese von Goffman, dass das Verhalten von Insassen „totaler Institutionen" nicht durch ihre „Krankheit"[12], sondern durch die Institution und ihren Bedingungen selbst geprägt ist, lässt sich auch für den Jugendarrest bestätigen.

Und Foucaults zentrale These, dass die Gefängnisse dazu da sind, ein Milieu der Delinquenten zu schaffen, deren Delinquenz dann geordnet verwaltet wird, gilt ebenfalls für den Jugendarrest. Durch den Aufenthalt in einer JAA bildet sich bei den Arrestanten verstärkt ein Selbstbild als Kriminelle, sie befürchten, dadurch eindeutig wieder in den Arrest oder in den Jugendstrafvollzug zu kommen, und es

---

[12] Goffman argumentiert so mit Blick auf die Psychiatrie. Hier müsste es analog heißen: weder durch ihr Persönlichkeit noch durch ihre Delinquenz.

bilden sich Verhaltensweisen heraus, die eine solche pessimistische Prognose wahrscheinlicher machen.

Was statistisch schon bekannt war, dass der überwiegende Teil der Jugendarrestanten wieder rückfällig wird, wird so verstehbarer: Die Interpretationen der Gespräche zeigen, welche subjektiven psychischen Prozesse dafür mitverantwortlich sind. Die Erfahrung ist so eindrücklich, dass ein Selbstbild als Gescheiterter verstärkt wird, und der Arrest so belastend, dass mit potentiell depressiven und aggressiven Dynamiken darauf reagiert wird.

So geben die Gespräche mit den Inhaftierten eine Ahnung davon, was die soziologischen Bestimmungen von Goffman und Foucault für die betroffenen Subjekte im Kontext des Jugendarrests psychisch bedeuten.

Teil III: Pädagogische Perspektiven

6. Zwei Seiten von Pädagogik

Im folgenden Teil der Arbeit werde ich zwei Seiten von Pädagogik darstellten: zum einen schockideologische, konfrontative Ansätze, die als Alternative zum Jugendarrest verkauft werden, aber auf sehr ähnlichen Prinzipien wie dem Jugendarrest fußen (6.1), und zum anderen Ansätze, die ich als potentiell emanzipatorisch bewerte und die versuchen, durch systematische Reflexion in der pädagogischen Beziehungsarbeit einen Zugang zum inneren Erleben von Kindern und Jugendlichen zu gewinnen (6.2).

6.1 Schockideologische Pädagogik als vermeintliche Alternative zum Arrest

Immer wieder wird gefordert, der Jugendarrest müsse „pädagogischer" ausgestaltet werden. So richtig dies auf Anhieb klingen mag, ist eine solch unkonkrete Forderung an sich allerdings wenig progressiv. Denn Pädagogik ist nicht per se ein positiver Gegensatz zur punitiven Kriminologie. Im Gegenteil. Pädagogik hat qua Sache immer ein ambivalentes Verhältnis zu Disziplinartechnologien (vgl. auch im Folgenden Müller, 2014b). Einerseits ist Pädagogik schlicht die notwendige Reaktion auf die Tatsache, dass der Mensch sich entwickelt und bei dieser Entwicklung auf Unterstützung angewiesen ist (Bernfeld, 1971, S. 51). Diverse Pädagog_innen haben dabei den Anspruch formuliert, Kinder in ihrer individuellen Emanzipation zu unterstützen und sie mithilfe von Aufklärung zur Autonomie erziehen zu wollen (zum Beispiel Bernfeld, 2013; Korczak, 2009 und viele weitere). Auf der anderen Seite ist Pädagogik immer auch „ein Verhältnis der Über- und Unterordnung, in dem die Akteure gesellschaftlich legitimiert werden, in ihrem Sinn und mit ihrer Macht Andere zu beeinflussen und zu verändern" (Wigger et al., 2013, S. 339). Beide Seiten stehen in einem dialektischen Verhältnis zueinander. Am prägnantesten hat dies Immanuel Kant in der Leitfrage seiner Vorlesungen „Über Pädagogik" formuliert: „Wie kultiviere ich die Freiheit bei dem Zwange?" (Kant, 1974, S. 711). Pädagog_innen haben auf diese Frage im Laufe der Geschichte eine Vielzahl von Antworten gegeben. Dazu gehören Konzepte, bei denen man schon am Namen erkennt, dass sie das dialektische Verhältnis von Freiheit und Zwang einseitig auf

Kosten der Freiheit aufgelöst haben, wie z. B. „Aufforderung zur Unterwerfung" von 1772, „Die Demütigung als Erziehungsmittel" von 1852 oder „Der Schmerz als natürliche Erziehung" von 1875 (vgl. Störmer, 2008, S. 35). Auch die „körperliche Züchtigung", das Schlagen von Kindern und Jugendlichen, war dabei jahrhundertelang, vom Altertum bis in das 20. Jahrhundert hinein, ein gängiges und anerkanntes Mittel (Kühndahl-Hensel, 2014, S. 187). Schockideologien lieferten dabei immer wieder auch explizit die Begründungen für dieses gewaltvolle Vorgehen. Durch die „körperliche Züchtigung" sollte ein Schockerlebnis ausgelöst werden, welches die Erziehungsbedürftigen von ihren Irrwegen abbringt (ebd., S. 195). Erst seit dem Jahr 2000 ist Gewalt in der Erziehung im deutschen Gesetz explizit wie folgt geächtet: „Kinder haben ein Recht auf gewaltfreie Erziehung. Körperliche Bestrafungen, seelische Verletzungen und andere entwürdigende Maßnahmen sind unzulässig" (§ 1631 Absatz 2 BGB).

Dennoch gibt es auch heute noch eine Vielzahl pädagogischer Programme, die schockideologisch konzeptualisiert sind. Die schlichten Forderungen danach, den Jugendarrest „pädagogischer" auszugestalten, laufen daher ins Leere.

Besonders deutlich wird dies dadurch, dass als Ergänzung und Alternative zum Jugendarrest vor allem solche Programme in Stellung gebracht werden, die zur „Konfrontativen Pädagogik" gehören (vgl. Schanzenbächer, 2004; Weidner & Kilb, 2010, 2011). Diese Ansätze berufen sich positiv auf das „Glen-Mills-Konzept". Die Glen Mills School ist eine US-amerikanische totale Institution, in der jugendliche Delinquenten untergebracht werden. Obwohl wenig wissenschaftlich fundierte Originalliteratur dazu existiert (Ahrbeck & Winkler, 2010, S. 89), kommt dem Ansatz ein beträchtliches öffentliches Interesse zugute (ebd., S. 87).

Delinquenz ist aus Perspektive der Glen Mills School kein Resultat einer „wie auch immer gelagerten psychischen Problematik", sondern ein „Defizit", welches es aufzuheben gilt (ebd., S. 89). Daher spielen auch die Individualitäten der Jugendlichen und ihre lebensgeschichtlichen Erfahrungen im Vorgehen keinerlei Rolle: Die Glen Mills School setzt auf eine „konsequente und strenge Kollektiverziehung" (ebd.). Dabei kennzeichnet der Ansatz eine „konsequente (Sozial-)Disziplinierung und Manipulation" (Plewig, 2008, S. 53).

„Grundlage des dortigen [an der Glen Mills School (Anm. d. Verf.)] ‚konfrontativen Kerns' ist ein sehr enger, normativer Rahmen. Seine Einhaltung wird durch ein hierarchisch organisiertes, von extremer ‚Corporate Identity' geprägtes System von Mitarbeitern und den Jugendlichen selbst streng überwacht. Bei nahezu unumgänglichen Regelverstößen erfolgt eine Konfrontation nach in sieben sich steigernden Stufen. Die beiden letzten berechtigen die Anstalt zum Einsatz körperlicher Gewalt zur Problemlösung. Eine Norm lautet, Konfrontationen zu akzeptieren, egal ob gerechtfertigt oder nicht. Über Normen wird nicht diskutiert, Gewalt nicht problematisiert. Bei Regelbefolgung und Dokumentation der Mitwirkung an 150 (!) Konfrontationen beginnt für Neulinge ein Aufstieg in der Hierarchie mit entsprechendem Macht- und Privilegienzuwachs" (ebd.).

Die Schwerpunkte des Glen-Mills-Ansatzes sind das konsequente Strafen bei Regelverstößen, eine extrem hierarchische Organisation auch innerhalb der Gruppe der Jugendlichen und eine einseitige Leistungsfokussierung, bei der dem Sport enorme Bedeutung zugeschrieben wird. Außerdem kennzeichnet den Ansatz die explizite Verneinung der Bedeutung des individuellen Jugendlichen, der Verstehensperspektive und des Blicks auf die Lebenserfahrungen der Jugendlichen (vgl. Tischner, 2010). In den Beschreibungen des Ansatzes der Glen Mills School findet man dazu ebenfalls überall das Kennzeichen der Schockideologien: das mystische Fordern nach „mehr Härte".

> „Auf der Beziehungsebene begegnen die Jugendlichen Mitarbeitern, die sich entschieden für die Einhaltung des Regelwerkes einsetzen. Als Vorbilder, vor allem als Helden oder Idole, die sich selbst mit einer erheblichen Härte begegnen oder sie lebensgeschichtlich aufgebracht haben. Ihnen gilt es nachzueifern, persönlich nahbar sind sie dabei nicht. Härte wird als positives Attribut von Männlichkeit verstanden, das zur Verhaltenskorrektur ausreicht. Auf Empathie und Fürsorglichkeit seitens der Mitarbeit kann deshalb getrost verzichtet werden" (Ahrbeck & Winkler, 2010, S. 89f.).

Absurderweise wird mit dieser Argumentation genau jenes hegemoniale gewaltvolle Männlichkeitsbild als „Resozialisierung" verkauft, was tatsächlich einen erheblichen Anteil an den Ursachen gewalttätigen Verhaltens (junger) Männer ausmacht (vgl. Müller, 2014a). Genau wie der deutsche Jugendarrest ist die US-amerikanische Glen Mills School eine gewalttätige, beschämende Institution, die Jugendlichen und Heranwachsenden mit „Härte" begegnet und so zur Identitätskonstruktion als „harter Mann" beiträgt – aggressives Verhalten ist dabei ein „normaler" Teil dieser „Identität".

Diese geschlechterbiologistische Positionierung macht die Faszination derjenigen aus, die das Konzept in Deutschland vertreten. Wolfgang Tischner (2010) macht in seinem Beitrag „Konfrontative Pädagogik – die vergessene ‚väterliche' Seite der Erziehung" unmissverständlich klar, dass die Grundlage solcher Ansätze auf männerrechtlichen antifeministischen Affekten beruht. So stimmt er gleich zu Beginn seines Beitrags zum großen Klagelied über die angebliche „Feminisierung der Pädagogik" ein. Er konstruiert dabei einen männlichen Opferdiskurs, wonach Jungen heute allerorts benachteiligt und diskriminiert werden würden. Dies belegt Tischner, der sich ansonsten zumindest um den Anschein wissenschaftlicher Belege bemüht, ausschließlich mit deutschen Tageszeitungsartikeln. Schuld an der Benachteiligung seien die Frauen – Mütter und Erzieherinnen –, die aufgrund ihres Geschlechts den „natürlichen Bewegungsdrang" der Jungen nicht akzeptieren könnten und ein „jungenfeindliches Biotop" schaffen würden (ebd., S. 62). Die Frage, warum Männer in pädagogischen Feldern unterrepräsentiert sind und was dies mit patriarchaler Arbeitsteilung zu tun hat, stellt sich Tischner gar nicht.

Als Gründe für das abweichende Verhalten von Jungen sieht Tischner dann auch schlicht die Abwesenheit eines Vaters. Wieder einen Zeitungsartikel zusammenfassend meint Tischner:

> „Der Anteil jener Kinder, die ohne Vater aufwachsen, ist unter späteren Schulversagern, Studienabbrechern, Drogenabhängigen, Vergewaltigern und Gefängnisinsassen überproportional hoch. Fast zwei Drittel aller Vergewaltiger, drei Viertel der jugendlichen Mörder und ein ähnlich hoher Prozentsatz jugendlicher Gefängnisinsassen mussten ohne Vater groß werden" (ebd., S. 63).

Eine weitere Beschäftigung mit den Ursachen sucht man bei Tischner vergeblich: Allein die behauptete Abwesenheit eines Vaters scheint für den Autoren ganz unterschiedliche Phänomene – vom Studienabbruch bis hin zu Vergewaltigung und Mord – befriedigend zu erklären.

Tischner argumentiert weiter, es gebe zwei Seiten der Erziehung: ein mütterliches Prinzip, „nachgiebig-weich", und ein väterliches Prinzip, „konsequent-fest" (ebd., S. 66). Aufgrund der NS-Vergangenheit würde man – so Tischner weiter – in Deutschland die „besondere Härte" des väterlichen Prinzips vernachlässigen (ebd., S. 64).

Damit will Tischner nun endlich Schluss machen und der „Feminisierung der Pädagogik", der herrschenden „hegemonialen Mütterlichkeit" (ebd., S. 70) und den „mädchentypischen Angeboten" (S. 69) eine konfrontative, männliche Pädagogik entgegensetzen.

Besonders verwirklicht sieht Tischner einen solchen Ansatz an der Glen Mills School, die auch er zum großen Vorbild erklärt. Mehrfach betont er den Erfolg, den diese Einrichtung erzielen würde, ohne dies jedoch mit Quellen zu belegen (ebd., S. 74; S. 81). Dabei bewundert Tischner an der Glen Mills School konsequenterweise vor allem die klare Ausrichtung nach dem „väterlichen Prinzip" (ebd., S. 75). Die Einrichtung sei eine „Männerwelt", in der „fast so etwas wie ein Männlichkeitskult" herrsche (ebd.). Auch das „Betreuungspersonal", das explizit nicht aus Sozialpädagog_innen bestehen würde, sondern aus „Handwerkern und Leistungssportlern, teilweise aus Ehemaligen von Glen Mills", bestehe fast ausnahmslos aus Männern. Den Gründer der Einrichtung zitierend meint Tischner, Glen Mills sei eine Form eines „positiv orientierten Männerbundes" (ebd., S. 76). Die Programme, die hierzulande als Ergänzungen und Alternativen zum Arrest beworben werden, haben so eine antifeministische Grundausrichtung. Weidners Ansatz „ist nichts anderes als ‚mother blaming‘, ein androzentrischer Wissenschaftshabitus und hegemoniale Männlichkeit" (Herz, 2005, S. 360).

Gemeinsam mit Tischner gehört der Kriminologe Jens Weidner zu den prominentesten Vertreter_innen derjenigen, die in Deutschland konfrontative Methoden als Ergänzung oder Alternative zum Jugendarrest preisen. Dafür hat Weidner sich zusammen mit einigen anderen im „Deutschen Institut für Konfrontative Pädagogik" organisiert und verkauft mit geschicktem Marketing sein patentiertes Anti-Aggressivitäts-Training (AAT®). Weidner und Kolleg_innen nutzen die öffentliche Verunsicherung im Umgang mit Jugenddelinquenten und versprechen mit simplen Trainingsmethoden schnellen Erfolg.

Das AAT ist laut Weidner (2011, S. 13) eine „defizitspezifische Behandlungsmaßnahme für aggressive Intensivtäter". Jugendliche werden schon heute auf richterliche Weisung nach §10 JGG zum AAT gezwungen und es findet in Jugendarrestanstalten und Jugendvollzugsanstalten statt und wird aktuell weiter verbreitet.

Das Programm beruht auf behavioristisch orientierten lerntheoretischen Überlegungen, speziell auf der „Klassischen Konditionierung". Aggression sei erlernt und könne auch wieder verlernt werden, so die simple Argumentation von Weidner (ebd., S. 18). Dieses Verlernen von Aggression ist das Ziel des Anti-Aggressivitäts-Trainings. Konfrontation ist dabei der Leitgedanke des Trainingsprogramms (Plewig, 2010, S. 427). Kernstück der Methode ist der „heiße Stuhl", dem jeder der jungen Teilnehmer_innen drei bis vier Stunden ausgesetzt wird (ebd., S. 431). „Die Einwirkungen der übrigen Beteiligten auf den Täter können als ein intensives, verbales, teilweise auch körperliches Tribunal bezeichnet werden" (ebd.). Das Ziel dabei ist es, mentale Haltungen und Verhaltensweisen der jungen Delinquenten zu brechen. Das zerstörerische Element ist Teil des Programms (ebd., S. 432). Wichtig ist Weidner dabei die Tatkonfrontation (Weidner, 2011, S. 14): Auf keinen Fall soll über die Vergangenheit der Teilnehmenden gesprochen werden, darauf hätten diese negativ reagiert, stattdessen solle nur über die Tat gesprochen werden (ebd., S. 15).

Ziel ist es, die Teilnehmenden für ihre Tat so lange zu demütigen, bis diese sich dafür und auch für sich als Person schämen.

Gleiches gilt für das ebenfalls vom Deutschen Institut für Konfrontative Pädagogik beworbene und patentierte „Coolness-Training" (CT®).

Im Gegensatz zum AAT sei das CT „konfrontativ-prophylaktisch", das heißt, es richtet sich nicht nur an „aggressive Intensivtäter", sondern soll präventiv in Schulen und Jugendeinrichtungen angewendet werden (Gall, 2011, S. 132).

Teil des Trainingsprogramms sind zum einen klassische Rollenspiele, die auch sonst zum (sonder-)pädagogischen Alltag gehören, und zum anderen konfrontative und „körperlich betonte" Methoden (ebd., S. 133). In den Rollenspielen sollen die Teilnehmenden die „Opfer-Perspektive" kennenlernen (ebd., S. 134). In den „körperlich betonten Spielen" („Kämpfen als pädagogische Disziplin", „Kämpfen nach Regeln") sollen die Teilnehmenden ihre „natürlichen Aggressionen" kennenlernen und erleben, dass Gewalt fasziniert und „rauschartige Zustände" verschafft (ebd., S. 35), um dann diese Affekte kontrollieren zu können. Zentral dafür sind auch im CT die „konfrontativen Feedback-Runden", in denen „Täter mit ihrer inakzeptablen Verhaltensweise konfrontiert werden. Sie müssen sich inhaltlich mit ihnen auseinandersetzen, begleitet von kritischen Kommentierungen der Gruppe" (ebd., S. 133f.). Hier findet sich wieder die Idee des „heißen Stuhls", dass einzelne für ihr (vermeintliches) Fehlverhalten von der Gruppe beschämt werden sollen. Gall betont, dass Pädagog_innen sich unbedingt vorher das Einverständnis der Eltern einholen müssten, da „sexistische Provokationen" und „unerwünschte Worte" dabei „unvermeidlich" seien (ebd., S. 137). Ebenso könnten „Tränen fließen" (ebd.).

So versprechen Weidner und Gall, „Gewaltakzeptanz" vermindern und „Affektkontrolle" trainieren zu können.

Dem zugrunde liegt die Vorstellung, dass es jugendlichen Straftätern einfach an Impuls- bzw. Affektkontrolle fehle und dass man eine solche bloß antrainieren müsse, um Jugendgewalt zu bekämpfen. Weidner und Kolleg_innen nutzen so verhaltenstherapeutische und lerntheoretische Versatzstücke. Wie eine Leitlinie zieht sich dabei die Idee durch das Programm, (potentielle) Straftäter_innen schockhaft ihr Verhalten vor Augen zu führen bzw. sie in die Opferperspektive zu zwingen, damit sie ihr Fehlverhalten plötzlich als solches erkennen und schlagartig bekehrt werden. Plewig kommt bei der Analyse des Konzepts zu dem Fazit: „Das Konzept ist theoretisch nicht fundiert, methodisch nicht gerechtfertigt und rechtlich unzulässig" (Plewig, 2010, S. 437).

Es findet dennoch weiter Verbreitung und wird immer wieder als Alternative zum Jugendarrest dargestellt. Dies liegt vor allem daran, dass sich potentiell emanzipatorische Pädagogik grundsätzlich im Widerspruch zu einer alleine auf Profitmaximierung oder Kostenminimierung ausgerichteten kapitalistischen Gesellschaft befindet. Unter diesen Bedingungen sind stets solche „Konzepte willkommen, die eine spezifische und eingrenzbare Interventionsstrategie anbieten und suggerieren, mit dieser könne eine personal-, zeit- und kostenintensive pädagogische Arbeit umgangen werden" (Störmer, 2008, S. 54). Die vergleichbar günstigen, weil in kurzer Zeit durchzuführenden, Programme vom „Deutschen Institut für Konfrontative Pädagogik", die mit „Machbarkeitswahn" und „Omnipotenzphantasien" (Herz, 2005, S. 369) versprechen, mit simplen Trainingsprogrammen Jugendkriminalität bekämpfen zu können, freuen sich daher zunehmend größerer Beliebtheit.

Die Folgen für die Betroffenen sind fatal: „Beschämende Worte können mehr weh tun als körperliche Schmerzen" (Marks 2007, S. 11). Die Programme, in denen Kinder und Jugendliche immer wieder systematisch erniedrigt und beschämt werden, nehmen damit identitätsverletzende Folgen in Kauf (Hafeneger 2013, S. 59).

Selbst wenn sich das sanktionierte Verhalten mit konfrontativen Methoden für eine kurze Zeit abtrainieren lässt, sind die Beschämungen und Verletzungen, die dabei erlebt werden, eine zuverlässige Quelle für erneutes störendes, beispielsweise aggressives Verhalten.

6.2 Perspektiven einer emanzipatorischen Pädagogik

Eine potentiell emanzipatorische Pädagogik setzt an die Stelle der Verhaltensmodifikationen und der Trainingsmanuale das Primat der Beziehung. Erziehung ist dann vor allem „die Reflexion und die daraus hervorgehende Gestaltung der intensiven Beziehung" (Herz & Zimmermann, 2014, S. 2). Die dafür nötige theoretische Grundlage liefert die Psychoanalytische Pädagogik.

Seit ihren Anfängen – mit den Theorien von Aichhorn, Bernfeld, Zullinger, Erikson, Redl und anderen – ist eine der theoretischen Grundannahmen der Psychoanalytischen Pädagogik wie auch der Psychoanalyse im Allgemeinen, dass Menschen im Wesentlichen durch ihre Lebenserfahrungen geprägt sind und dass diese Erfahrungen also unbewusst ihr Fühlen, Denken und Handeln strukturieren.

Im Kontext von (Jugend-)Delinquenz und dem Förderschwerpunkt „Emotionale und soziale Entwicklung" bedeutet dies, dass davon auszugehen ist, dass es sich in der Regel um Kinder und Jugendliche handelt, die Gewalt-, Trennungs- und Verlusterfahrungen gemacht haben und Vernachlässigungen erlebt haben und diese nun beispielsweise durch fremd- oder autoaggressives Verhalten oder übermäßige Zurückgezogenheit in Szene setzen (vgl. auch Schwarz & Müller, 2015). Ihr delinquentes Verhalten steht hoher Wahrscheinlichkeit nach in einem direkten Zusammenhang zu ihren schwer belasteten oder gar traumatisierten Erfahrungen. Es erfüllt also eine psychische (Abwehr-)Funktion und kann schon alleine deshalb nicht einfach abtrainiert werden.

Psychoanalytische Pädagogik geht aber nicht gezielt in diese vergangenen Lebenserfahrungen hinein, sondern versucht, durch die Gestaltung der aktuellen Beziehung an ihnen zu arbeiten.

Dafür ist eine langfristig angelegte, kontinuierlich haltende Beziehung zu den individuellen Kindern und Jugendlichen nötig, in der ihr „abweichendes", „störendes" Verhalten als Reinszenierung ihrer biographischen Verletzungen verstanden wird.

Eine Grundlage für diese Arbeit ist die Weiterentwicklung der Psychoanalytischen Pädagogik: die auf Lorenzer (1985, 2000) aufbauenden Überlegungen von Leber (1988) und Heinemann (1992).

Lorenzers Reartikulation der Psychoanalyse als eine „gesellschaftskritische wie tiefenhermeneutische Erfahrungswissenschaft" (Gerspach, 2009, S. 45) ist im hohen Maße anschlussfähig für emanzipatorisches psychoanalytisch-pädagogisches Handeln. Dabei bietet zum einen seine „materialistische Sozialisationstheorie" (vgl. Lorenzer, 1985) eine Grundlage dafür, Phänomene, die als „Störungen" und „Behinderungen" gelten, frei von biologistischen, naturalistischen Verkürzungen als in die Persönlichkeit eingeschriebene Niederschläge gesellschaftlich-determinierter individueller Erfahrungen zu denken. Zum anderen ist für eine auf Verstehen ausgerichtete pädagogische Beziehungsarbeit das Konzept des „szenischen Verstehens" zentral (vgl. „Kapitel 4.2 Methodische Überlegungen: Tiefenhermeneutische Auswertung" dieser Arbeit).

Aloys Leber hat dieses Konzept in die Heilpädagogik transferiert. Auch Lebers Grundgedanke ist dabei, dass sich frühe, schmerzhafte Erfahrungen in aktuellen Beziehungen reinszenieren würden.

> „Was für das Kind in der frühen Beziehung nicht oder nur schwer zu ertragen war, bleibt aus der Benennung und damit aus der Selbstreflexion ausgeschlossen und so auch aus

dem Selbstverständnis ausgeschlossen, geht aber gerade deshalb in jede neue Beziehung ein" (Leber, 1988, S. 54).

Er sieht darin einen „normalen", unvermeidlichen Vorgang:

> „... wir versuchen andere – ohne dies zu bemerken – in unsere frühen, ungelösten Probleme hineinzuziehen, diese ihnen anzuhängen, an ihnen abzuarbeiten oder aber auch mit ihnen die ideale, ungestörte Beziehung einzugehen, wie wir sie uns als Kind ersehnt haben" (ebd., S. 55).

Dieser Vorgang ist in menschlichen Beziehungen immer potentiell irritierend und herausfordernd, aber in pädagogischen Beziehungen mit belasteten und/oder traumatisierten Kindern und Jugendlichen besonders extrem. Lebers Idee ist es, diese Reinszenierungen zu nutzen, sie zu entschlüsseln und darauf aufbauend pädagogische Handlungsperspektiven zu entwerfen. Zentral dafür ist das Wissen über die (belastenden) Erfahrungen und vor allem die Reflexion der eigenen Gefühlsreaktionen, die in dem Kontakt mit den Kindern/Jugendlichen ausgelöst werden.

> „Verstehen heißt dann, aus der Teilhabe an der vom Partner gestalteten Szene wahrzunehmen, was der andere emotional bei ihm auslöst und gleichzeitig über entsprechende ‚lebenspraktische Vorannahmen' (Lorenzer, 1974, S. 105ff.) allmählich herauszufinden, um welche frühe Erlebniskonstellationen, um welche Lebensthematik, um welches Leiden es sich handeln könnte. Die Antwort, der Beitrag des helfenden Partners besteht dann darin, das, was er selbst in Bezug auf seine Person verstanden hat, in eine Antwort im Rahmen des Dialogs einzubringen. Dabei kommt es darauf an, dass er vorsichtig abschätzt, was er dem anderen hier und jetzt zumuten darf, damit dieser das auch aufnehmen und für sein eigens Problemverständnis, ja, für die Problemlösung verwenden kann, er etwas weniger Angst hat, sich weniger schämen muss, sich mit seinen Kränkungen und bisher geheimen Wünsche zu konfrontieren wagt und was er an Überwältigendem bisher aus seinem bewussten Erleben ausgeschlossen hat, allmählich zulassen und bemeistern lernt" (ebd., S. 56).

Leber beschreibt diesen, von ihm so genannten „fördernden Dialog" als ein dialektisches Wechselspiel zwischen Halten und Zumuten (ebd., S. 53).

Diesen Gedanken nimmt Heinemann (1992, S. 39ff.) auf und zeigt wie sich dieses Konzept der Psychoanalytischen Pädagogik im Unterricht mit Schüler_innen mit Verhaltensstörungen umsetzen lässt. Eine wichtige Akzentuierung, die sie dabei vornimmt, ist der Hinweis darauf, dass aggressives Verhalten von Kindern und Jugendlichen heftige Gefühlsreaktionen in ihren Gegenübern auslöst (ebd., S. 25). Heinemann berichtet selbstreflexiv aus ihrer eigenen Praxis, von einer Szene, in der ein Schüler einen Ranzen durch die Klasse getreten habe, dies habe bei ihr als Klassenlehrerin „Aggression und den Wunsch, zu strafen", ausgelöst (ebd., S. 51).

Das dies kein Einzelfall ist, sondern die übliche unbewusste Reaktion auf provozie-rendes, störendes Verhalten, zeigt auch die Untersuchung von Würker (2013, S. 77ff.). Er zeigt, dass Lehrkräfte störendes Verhalten häufig unbewusst als Auffor-derung zum Machtkampf wahrnehmen und die damit verbundenen Gefühle von (drohender) Entmachtung und Ohnmacht häufig durch eine „brachiale Machtbe-hauptung" abwehren (ebd., S. 86). Um ihre Autorität wieder herzustellen, arbeiten sie dabei nicht selten mit der Kränkung und Beschämung von Schüler_innen (ebd.). Dieses unbewusste Straf- und Beschämungsbedürfnis, welches abweichendes Ver-halten im Gegenüber auslöst, ist die Grundlage jeder schockideologischen, kon-frontativen Pädagogik.

Heinemann zeigt aber, dass diese Affekte nicht ausagiert werden müssen, sondern dass sie reflektiert werden können und dadurch einen Beitrag zum Verstehen der Problematik des Gegenübers liefern können. Mithilfe dieser Erkenntnisse können dann sinnvolle pädagogische Antworten – haltend und zumutend – gegeben wer-den. „Die haltende Funktion ist dabei die Unterstützung, die Liebe, das Vertrauen, das die Pädagogen in ihrer Reaktion vermitteln können" (ebd., S. 43). Das Zumuten sei das vorsichtige Abschätzen, was der andere an Problemlösungen verwenden könne. Dazu gehören für Heinemann (ebd., S. 43f.) vor allem „das nicht-genetische Deuten, die Übernahme von Hilfs-Ich-Funktionen, die Konfrontation mit der Reali-tät, die symbolische Konfliktverarbeitung und die Gelegenheit zur Wiedergutma-chung."

Eine so verstandene psychoanalytisch-pädagogische Arbeit ist das Gegenteil der schockideologischen Konfrontativen Pädagogik. In der Konfrontativen Pädagogik spielen Individualitäten keine Rolle, auf keinen Fall soll in die Vergangenheit der Kinder und Jugendlichen geblickt werden, stattdessen sollen sie lediglich mit ihrem Fehlverhalten konfrontiert werden und konsequent bestraft werden. Dazu kommt eine Reihe von Trainingsmethoden, die darauf abzielen, durch Klassische Konditi-onierung unerwünschtes Verhalten abzutrainieren. Durch die konsequente Beschä-mung dabei sollen eine Anpassung und Unterwerfung erzwungen werden. Diese Methoden lassen sich gut in die kurzen Jugendarrestaufenthalte integrieren oder als kostengünstige Alternativen dazu verkaufen. Psychoanalytische pädagogische An-sätze wie diese, die ich hier vorgestellt habe, sind dagegen immer personal-, zeit- und kostenintensiv und können trotzdem auch unter schwierigen Bedingungen eine Handlungsperspektive aufzeigen wie beispielsweise Heinemanns (1992) Ausfüh-rungen zur Psychoanalytischen Pädagogik im Unterricht der Förderschule zeigen.

Sie arbeiten mit den Grundsätzen der Beziehung und des Verstehens. Auf Grundlage der Selbstreflexion eigener Emotionen, die im Kontakt mit den Kindern und Jugendlichen ausgelöst werden und der intensiven Beschäftigung mit den individuellen Lebensgeschichten und Konflikten der Betroffenen soll eine langfristig zuverlässig haltende Beziehung aufgebaut werden. Im Rahmen dieser haltenden Beziehung können Konflikte bearbeitet werden, Leiden kann beredet oder spielerisch in Szene gesetzt werden. Zumutende Anteile in der Beziehungsarbeit fußen immer auf einer haltenden Beziehung, die auch dann nicht in Frage gestellt wird, wenn das Gegenüber es nicht schafft, sich an Regeln zu halten. Es wird empathisch abgewogen, was der andere an zumutenden Anteilen aushalten kann und eigene Affekte wie Wut und das Bedürfnis, zu strafen, die in dem Kontakt ausgelöst werden, werden nicht ausagiert, sondern reflektiert.

Eine solche pädagogische Arbeit benötigt eine über eine möglichst lange Zeit andauernde intersubjektive Beziehung und ist mit totalen Institutionen und richterlichem Zwang unvereinbar. Sie muss sich an dem Lebensumfeld der Kinder und Jugendlichen orientieren und sich dort den gesellschaftlichen Konflikten und Widersprüchen stellen. Dabei ist die Pädagogik klaren Grenzen unterworfen. Eine solche pädagogische Arbeit ist extrem voraussetzungsvoll und setzt Professionelle voraus, die zum einen über theoretisches Wissen verfügen und zum anderen selbstreflexiv mit ihren eigenen Gefühlen umgehen können und es geübt sind, Übertragungen und Gegenübertragungen systematisch zu reflektieren. Außerdem bedarf es darüber hinaus pädagogischer Settings, die einen schützenden Rahmen bieten, in denen ein kollegiales Klima herrscht, das die gemeinsame Reflexion ermöglicht, und für die betroffenen Kinder und Jugendlichen Gegenstände und eine Gemeinschaft bieten, die es ihnen ermöglichen, sich den spezifischen Aufgaben ihrer Entwicklungsphase zu stellen. Doch selbst wenn diese Bedingungen gegeben sind, gelten noch weitere Grenzen, etwa bei schweren Traumatisierungen. Dabei wird in der Regel zusätzlich eine therapeutische Arbeit ausgebildeter Kinder- und Jugendlichenpsychotherapeut_innen nötig sein, die anders als Pädagog_innen ohne entsprechende Ausbildung auch gezielt über traumatische Erfahrungen sprechen können und nachholende Bearbeitungswege aufzeigen können. Schlussendlich können aber auch die besten pädagogischen und therapeutischen Hilfen nicht vor gesellschaftlichen Bedingungen und Zuständen bewahren. Daher bleibt eine solche Arbeit immer eine Sisyphos-Arbeit im Sinne Bernfelds (1971).

7. Abschlussplädoyer

Die konkrete Praxis des Jugendarrests hat ihren historischen Ursprung in der Zeit des Nationalsozialismus. Die Idee, Jugendliche und Heranwachsende für kurze Zeit einzusperren und sie so zu Zucht, Ordnung und Disziplin zu „erziehen", ist Resultat der nationalsozialistischen Ideologie.

Der Jugendarrest fußt auf einer Schockideologie, welche die absurde Vorstellung beinhaltet, man könne einen Menschen mittels einer kurzen und „harten" Intervention positiv in seinem Verhalten beeinflussen. Die tatsächlichen individuellen, psychosozialen und gesellschaftlich-strukturellen Ursachen von Jugendkriminalität verschleiert die Schockideologie, indem sie verspricht, durch simple, beschämende Bestrafungstechniken Jugendkriminalität bekämpfen zu können.

Auch wenn der Jugendarrest heute mit leicht veränderten Vokabeln begründet wird, hat sich an der Praxis des Einsperrens an sich nichts geändert. Im Gegenteil: Mit der Einführung des „Warnschussarrests" im September 2012 wurde er aufgewertet und ausgeweitet. Gegen diese Ausweitung argumentierte die kriminologische und juristische Fachvertretung mit seltener Einmütigkeit. Obwohl sie dabei hauptsächlich Argumente gegen den Jugendarrest an sich ins Felde führte, wurde nur selten die Abschaffung des Jugendarrests insgesamt gefordert. Doch auch allein die Kritik an der Ausweitung des Jugendarrests zum Warnschussarrest blieb wirkungslos. Wirkmächtiger war dagegen die politisch-mediale Debatte, in der rassistische und geschlechterbiologistische Ideologie sowie schockideologische Reflexe den Diskurs mitprägten.

Die Perspektive der Betroffenen sowie eine Vorstellung davon, was mit ihnen im Jugendarrest konkret passiert, spielten in dem Entscheidungsprozess keine Rolle. Will man etwas über diese erfahren, braucht es qualitative Methoden der Sozialforschung, speziell Gespräche, in denen sich der bzw. die Interviewende mit einer verstehenden, solidarischen Haltung den individuellen Erfahrungen der Inhaftierten nähert, und eine Auswertungsmethode, die dazu geeignet ist, auch den szenischen Gehalt, die latenten Sinnstrukturen der Gespräche zu entschlüsseln. Die so geführten und ausgewerteten Gespräche mit den Jugendarrestanten in dieser Arbeit zeigen, wie sehr die Arrestanten unter der Erfahrung im Jugendarrest leiden. Ihre Zeit in der Haft wird durch die Kriterien der totalen Institution geprägt, der sie sich versuchen anzupassen, damit der Aufenthalt aushaltbar bleibt. Auch wenn sie sich aufgrund der leidvollen Erfahrung durchaus vornehmen, nicht mehr straffällig zu werden, spüren sie die Hoffnungslosigkeit ihrer Perspektive. Die beschämende Erfahrung in den Jugendarrestanstalten lässt sie depressiv und aggressiv werden. Dabei verstärkt sich unter dem Druck der entwicklungspsychologischen Phase der Adoleszenz ein Selbstbild als Gescheiterer und Verlierer oder als „harter" Verbrecher. Mit der enorm hohen Rückfallquote gehören sie nach dem Aufenthalt im Jugendarrest endgültig zum Milieu der (Jugend-)Delinquenten.

Trainingsprogramme wie das „Anti-Aggressivitäts-Training" oder „Coolness-Training" sind keine sinnvollen Alternativen zum Jugendarrest. Sie beruhen auf denselben falschen Grundannahmen, dass man Menschen durch beschämende Erfahrungen positiv verändern könne und delinquentes Verhalten abtrainieren könne. Sie setzen auf eine erzwungene Anpassung aus Angst vor Strafe und weiterer Beschämung und können so „störendes" Verhalten höchstens für kurze Zeit gewaltvoll unterdrücken.

Will man stattdessen etwas gegen die Ursachen von Jugenddelinquenz tun, benötigt man auf der einen Seite eine langfristige pädagogische Beziehungsarbeit, in der die Reflexion der eigenen Gefühle und die Perspektive auf die Lebenserfahrungen der Betroffenen im Mittelpunkt stehen. Sind institutionelle und personelle Bedingungen dafür gegeben, können lebensgeschichtliche Erfahrungen ein Stück weit bearbeitet werden. Auf der anderen Seite ist eine Abschaffung des Jugendarrests und seiner schockideologischen Alternativen nicht ohne politische, gesellschaftliche Veränderungen denkbar. Die punitiven Methoden erfüllen in der kapitalistischen Gesellschaft verschiedene Funktionen. Sie bieten der Politik die Möglichkeit, populäre, populistische Antworten auf konstruierte Bedrohungsszenarien zu geben, Kriminalpolitik an die Stelle von Sozialpolitik zu setzen, kostengünstige Sozialtrainings statt komplexe kostenintensive pädagogische Arbeit einzuführen und so im Foucaultschen Sinne ein Milieu von (Jugend-)Delinquenten zu schaffen und deren Straftaten zu differenzieren, zu ordnen und nutzbar zu machen.

Jugendliche, die sich nicht an gesellschaftliche Regeln halten, die sich provokativ und aggressiv verhalten und keinerlei „Respekt" zeigen, lösen in ihren Gegenüber affektiv das Bedürfnis aus, sie für ihr Verhalten zu beschämen, zu demütigen und zurückzuschlagen. Fataler Weise benötigen diese Jugendlichen genau das Gegenteil davon: nämlich haltende, verlässliche und kontinuierliche Beziehungen zu Pädagog_innen, die den Leidensdruck hinter ihrem störenden Verhalten verstehen wollen und dies versuchen systematisch, zu entschlüsseln. Nur in einer solchen haltenden pädagogischen Beziehung können auch zumutende Anforderungen an die Jugendlichen sinnvoll eingebracht werden. Dabei muss den Pädagog_innen immer klar sein, dass ihr Einfluss begrenzt ist, sie nicht omnipotent sind und sie die Jugendlichen nicht „erretten" können: So lange es systematische Benachteiligung gibt, wird es Jugendliche geben, die ihre Verletzungen aggressiv nach außen richten. Um diese destruktiven Dynamiken zu durchbrechen, bedarf es tiefgreifender gesellschaftlicher Veränderungen – an deren Anfang als erste realpolitische Forderung die ersatzlose Streichung des Jugend- und Warnschussarrests stehen sollte.

8. Literatur

Ahrbeck, B. & Winkler, D. (2010). Denn sie wissen nicht, was sie tun. Die Konfrontative Pädagogik und das väterliche Prinzip. In M. Dörr & B. Herz (Hrsg.), „Unkulturen" in Bildung und Erziehung (S. 87-101). Wiesbaden: VS Verlag für Sozialwissenschaften.

Bartsch et. al. (2008). Exempel des Bösen. DER SPIEGEL, (Nr. 2, 7.1.08), 20–38.

Bernfeld, S. (1971). Sisyphos oder die Grenzen der Erziehung. Frankfurt a. M.: Suhrkamp.

Bernfeld, S. (2013). Theorie und Praxis der Erziehung: Pädagogik und Psychoanalyse. Gießen: Psychosozial-Verlag.

Bourdieu, P. (2002). Das Elend der Welt: Zeugnisse und Diagnosen alltäglichen Leidens an der Gesellschaft. Konstanz: UVK Verlag.

Bourdieu, P. (2011). Die feinen Unterschiede: Kritik der gesellschaftlichen Urteilskraft (21. Aufl.). Frankfurt a. M.: Suhrkamp.

Breuer, S. (1985). Aspekte totaler Vergesellschaftung. Freiburg i. Brsg.: Ça-Ira-Verlag.

Brüggemann, A.-K. (2013). Das Verhältnis von Solidarität und Paternalismus in der kritischen Rassismus-Debatte. Bachelorarbeit im Fach Politikwissenschaft. Marburg.
Zugriff am 01.09.15 http://www.whitecharity.de/Anna.pdf

Brumlik, M. (2012). Grundmotive des sozialpädagogischen Denkens von Berthold Simonsohn. Gehalten auf der Tagung zum 100. Geburtstag Berthold Simonsohns, Frankfurt am Main.
Zugriff am 01.09.15 https://bertholdsimonsohn.wordpress.com/

Büttner, V. (2015). Akzidentielle Medienhypes: Entstehung, Dynamik und mediale Verbreitung. Wiesbaden: Springer Fachmedien.

CDU/CSU-Fraktion (2012a, April 27). Warnschussarrest.
Zugriff am 15.05.15 https://www.cducsu.de/plenum/27-04-2012/warnschussarrest

CDU/CSU-Fraktion (2012b, Juni 14). Instrument des Warnschussarrests ist in bestimmten Fällen geeignet, um den Beginn einer strafrechtlichen Karriere von vornherein zu verhindern.
Zugriff am 15.05.15 https://www.cducsu.de/themen/innenpolitik/instrument-des-warnschussarrests-ist-bestimmten-faellen-geeignet-um-den-beginn

Der SPIEGEL in Zahlen (2015). Zugriff am 01.09.15
http://www.spiegelgruppe.de/spiegelgruppe/home.nsf/Navigation/C226C5F6
118D70E0C12573F700562F49?OpenDocument

Doelek, K. (2015). Richter schicken junge Kriminelle öfter in den Arrest. Hannoversche Allgemeine Zeitung, 15.04.14, S. 1. Hannover.

Dollinger, B., & Schmidt-Semisch, H. (2011). Handbuch Jugendkriminalität: Kriminologie und Sozialpädagogik im Dialog (2., durchges. Aufl. 2011). Wiesbaden: VS Verlag für Sozialwissenschaften.

Dresing, & Pehl. (2013). Praxisbuch Interview, Transkription & Analyse. Anleitungen und Regelsysteme für qualitativ Forschende. Marburg: Dr. Dresing und Pehl.

Dünkel, F. (2010). Keine Verschärfung des Jugendstrafrechts, sondern konsequenter Ausbau sozialintegrativer Maßnahmen des geltenden JGG! Neue Kriminalpolitik, Nr. 1, 2010, S. 2–3.

Erikson, E. H. (2003). Identität und Lebenszyklus: drei Aufsätze. Frankfurt a. M.: Suhrkamp.

Flick, U., Kardorff, E., & Steinke, I. (2013). Qualitative Forschung: ein Handbuch (10. Aufl.). Reinbek bei Hamburg: Rowohlt-Taschenbuch-Verlag.

Foucault, M. (2013). Überwachen und Strafen: Die Geburt des Gefängnisses. (14. Aufl.). Frankfurt a. M.: Suhrkamp.

Friebertshäuser, B., Langer, A., & Prengel, A. (2013). Handbuch Qualitative Forschungsmethoden in der Erziehungswissenschaft (4., durchgesehene Aufl.). Weinheim u.a.: Beltz Juventa.

Friebertshäuser, B. & Langer, A. (2013). Interviewformen und Interviewpraxis. In B. Friebertshäuser, A. Langer & A. Prengel (Hrsg.), Handbuch Qualitative Forschungsmethoden in der Erziehungswissenschaft (S. 437 – 457). Weinheim u.a.: Beltz Juventa.

Gall, R. (2011). Curriculum und Methodik des Coolness-Training. In J. Weidner & R. Kilb (Hrsg.), Handbuch Konfrontative Pädagogik. Weinheim u.a.: Beltz Juventa.

Gernbeck et al., U. (2013). Der Warnschussarrest in der Praxis : erste Eindrücke. Neue Kriminalpolitik, 25(2013), 4, S. 307–316.

Gerspach, M. (2009). Psychoanalytische Heilpädagogik: ein systematischer Überblick. Stuttgart: Kohlhammer.

Gierschik, F. (2012). Schriftliche Stellungnahme im Rahmen der Anhörung des Rechtsausschusses des Deutschen Bundestags am 23.05.2012. Zugriff am 01.09.15 http://webarchiv.bundestag.de/cgi/show.php?fileToLoad=2398&id=1193

Goeckenjan, I. (2013). Der Vollzug des Jungendarrests : Anspruch und Wirklichkeit einer umstrittenen jugendstrafrechtlichen Massnahme. Zeitschrift für Jugendkriminalrecht und Jugendhilfe, 24(2013), 1, S. 67–73.

Goffman, E. (2003). Wir alle spielen Theater. Die Selbstdarstellung im Alltag. München: Piper.

Goffman, E. (2014). Asyle: über die soziale Situation psychiatrischer Patienten und anderer Insassen (19. Aufl.). Frankfurt a. M.: Suhrkamp.

Goldberg, & Trenczek. (2014). Kriminologie und Soziale Arbeit: Ein Lehrbuch Weinheim u.a: Beltz Juventa.

Göppel, R. (2002). „Wenn ich hasse, habe ich keine Angst mehr...": psychoanalytisch-pädagogische Beiträge zum Verständnis problematischer Entwicklungsverläufe und schwieriger Erziehungssituationen. Donauwörth: Auer.

Hafeneger, B. (2013). Beschimpfen, bloßstellen, erniedrigen: Beschämung in der Pädagogik. Frankfurt a. M.: Brandes & Apsel.

Haubl, R. (1996). Tiefenhermeneutische Methoden. In L. Rosenstiel (Hrsg.), Handbuch der Angewandten Psychologie. Landsberg/Lech: ecomed.

HAZ (2015). Immer mehr Schulschwänzer kommen in Arrest. Hannoversche Allgemeine Zeitung. Zugriff am 01.09.15 http://www.haz.de/Nachrichten/Der-Norden/Uebersicht/Immer-mehr-Schulschwaenzer-kommen-in-Arrest

Heinemann, E. (1992). Psychoanalyse und Pädagogik im Unterricht der Sonderschule. In Gewalttätige Kinder. Frankfurt a. M.: Fischer.

Herz, B. (2005). Ist die „Konfrontative Pädagogik" der Rede Wert? Behindertenpädagogik 2005 (3), 355–373.

Herz, B., & Zimmermann, D. (2014). Beziehung statt Erziehung? Psychoanalytische Perspektiven auf pädagogische Herausforderungen in der Praxis mit emotional-sozial belasteten Heranwachsenden. In Inklusion im Förderschwerpunkt emotionale und soziale Entwicklung. Stuttgart: Kolhammer.

Holste, H. (2013). Der § 16a-Arrest, das strafrechtliche Rückwirkungsverbot und der Umgang mit fehlerhaften Urteilen. Zeitschrift für Jugendkriminalrecht und Jugendhilfe, 24(2013), 3, S. 289–291.

Horstmann, L., Kreuznacht, K., Müller, C., Redlich, S., & Schilling, N. (2015). Klischeeautismus als verlockender Lebensentwurf. Eine tiefenhermeneutische Kulturanalyse der Darstellung von Autismus in der Sitcom The Big Bang Theory. Sonderpädagogik in Niedersachsen, 2, 2015, S. 52–61.

Hosser, D., & Greve, W. (2001). Die Folgen einer Gefängnisstrafe bei Jugendlichen. Zugriff am 01.09.15

https://www.familienhandbuch.de/cms/Haeufige_Probleme-Gefaengnisstrafe.pdf

Höynck, T. (2012). Schriftliche Stellungnahme im Rahmen der Anhörung des Rechtsausschusses des Deutschen Bundestages am 23.05.2012 zum Entwurf eines Gesetzes zur Erweiterung der jugendgerichtlichen Handlungsmöglichkeiten, BT-Drs. 17/9389 vom 24.4.2012.

Zugriff am 01.09.15

http://www.dvjj.de/sites/default/files/medien/imce/documente/aktuelles/Stell ungnahme_Hoeynck.pdf

Hubert, P. (2012). Hier Stellungnahme zur Anhörung am 23.05.2012.

Zugriff am 01.09.15

http://webarchiv.bundestag.de/cgi/show.php?fileToLoad=2398&id=1193

Hußmann, M. (2015). Exklusion durch Kriminalisierung Jugendlicher ...oder warum wir es im Jugendstrafrecht weitgehende mit „Unterschichtsjugendlichen" zu tun haben (S. S. 23–41).

Jäger, M., & Jäger, S. (2007). Deutungskämpfe: Theorie und Praxis kritischer Diskursanalyse. Wiesbaden: VS Verlag für Sozialwissenschaften.

Jäger, S. (2012). Kritische Diskursanalyse: Eine Einführung (6. Aufl.). Münster: Unrast.

Jäger, S., & Zimmermann, J. (2010). Lexikon der Kritischen Diskursanalyse: Eine Werkzeugkiste. Münster: Unrast.

Kant, I. (1974). Über Pädagogik. Bochum: Kamp.

Kaufmann, J.-C. (1999). Das verstehende Interview: Konstanz: UVK.

Klein, R. (2013). Tiefenhermeneutische Analyse. In B. Friebertshäuser, A. Prengel & A. Langer (Hrsg.), Handbuch Qualitative Methoden in der Erziehungswissenschaft (S. 263-280). Weinheim u.a.: Beltz.

König, H.-D. (2000). Tiefenhermeneutik. In U. Flick, E. von Kardorff & I. Steinke (Hrsg.), Qualitative Forschung. Ein Handbuch (S. 556-569). Reinbek: Rowohlt.

Korczak, J. (2009). Das Recht des Kindes auf Achtung. (3. Aufl.). Gütersloh: Gütersloher Verlagshaus.

Kreuzer, A. (2012a). Schriftliche Stellungnahme für die öffentliche Anhörung im Rechtsausschuss des Deutschen Bundestages am 23. Mai 2012 zum Entwurf eines Gesetzes zur Erweiterung der jugendgerichtlichen Handlungsmöglichkeiten. Zugriff am 01.09.15 http://www.arthur-kreuzer.de/BT_RA_Anh_Warnsch_05_2012.pdf

Kreuzer, A. (2012b). „Warnschussarrest" ein kriminalpolitischer Irrweg. Zeitschrift für Rechtspolitik, 45(2012), 4, S.101–102.

Kühndahl-Hensel, S. (2014). Der individualpräventive Schock im Jugendkriminalrecht: über Kriminalpolitik zwischen empirischen Befunden und gesellschaftlichen Strömungen. Hamburg: Kovač.

Küsters, I. (2009). Narrative Interviews: Grundlagen und Anwendungen (2. Aufl.). Wiesbaden: VS Verlag für Sozialwissenschaften.

Leber, A. (1988). Zur Begründung des fördernden Dialogs in der psychoanalytischen Heilpädagogik. In G. Iben (Hrsg.), Das Dialogische in der Heilpädagogik. Mainz: Matthias-Grünewald-Verlag.

Leithäuser, T., & Volmerg, B. (1998). Anleitung zur empirischen Hermeneutik. Frankfurt a. M.: Suhrkamp.

Lorenzer, A. (1985). Zur Begründung einer materialistischen Sozialisationstheorie. Frankfurt a. M.: Suhrkamp.

Lorenzer, A. (1988). Kultur-Analysen (2., Aufl.). Frankfurt a. M.: Fischer Taschenbuch.

Lorenzer, A. (2000). Sprachzerstörung und Rekonstruktion: Vorarbeiten zu einer Metatheorie der Psychoanalyse (5. Aufl.). Frankfurt a. M.: Suhrkamp.

Lorenzer, A. (2006). Verführung zur Selbstpreisgabe - psychoanalytisch-tiefenhermeneutische Analyse des Gedichtes von Rudolf Alexander Schröder. In Szenisches Verstehen. Zur Erkenntnis des Unbewussten. Marburg: Tectum Verlag.

Lorenzer, A., Prokop, U., & Görlich, B. (2013). Szenisches Verstehen: Zur Erkenntnis des Unbewussten. Marburg :Tectum Verlag.

Marks, S. (2007). Scham - die tabuisierte Emotion. Düsseldorf: Patmos-Verlag der Schwabenverlag AG.

Mentzos, S. (1988). Interpersonale und institutionalisierte Abwehr (Erweiterte Neuausgabe). Frankfurt a. M.: Suhrkamp.

Meyer-Höger, M. (2015). Die Funktion des Jugendarrests nach dem Jugendgerichtsgesetz. In B. Redmann & M. Hußmann (Hrsg.), Soziale Arbeit im Jugendarrest. Weinheim u.a.: Beltz Juventa.

Morgenroth, C. (1990). Sprachloser Widerstand: Zur Sozialpathologie der Lebenswelt von Arbeitslosen. Frankfurt a. M.: Fischer Taschenbuch.

Müller, C. (2014a). Aggression und Männlichkeiten: Geschlechtertheoretische Überlegungen zum Förderschwerpunkt Emotionale und Soziale Entwicklung. Zeitschrift für Heilpädagogik, 65. Jahrgang S. 15-21.

Müller, C. (2014b). Emotionale Gewalt als Methode. Zur Kritik des Programms „Bei Stopp ist Schluss!" Behindertenpädagogik, (4), 391–398.

Nohl, A.-M. (2005). Bildung, Migration und die Entstehung neuer Milieus in der männlichen Adoleszenz. In V. King (Hrsg), Männliche Adoleszenz : Sozialisation und Bildungsprozesse zwischen Kindheit und Erwachsensein (S. 77–95). Frankfurt a. M.: Campus Verlag.

Ostendorf, H. (2012). Warnung vor dem neuen „Warnschussarrest". Zeitschrift für Internationale Strafrechtsdogmatik, 12/2012, S. 608–612.

Plewig, H.-J. (2008). Neue deutsche Härte, 2 : die „Konfrontative Pädagogik" auf dem Prüfstand. Zeitschrift für Jugendkriminalrecht und Jugendhilfe, 19(2008), 1, S. 52–58.

Plewig, H.-J. (2010). Konfrontative Pädagogik. In B. Dollinger & H. Schmidt-Semisch: Handbuch Jugendkriminalität: Kriminologie und Sozialpädagogik im Dialog (2., durchges. Aufl. 2011). Wiesbaden: VS Verlag für Sozialwissenschaften.

Redmann, B., & Hußmann, M. (2015). Soziale Arbeit im Jugendarrest: zwischen Erziehung und Strafe ; Erfahrungen und Expertisen im Rahmen des Projekts PLAN b. Weinheim u.a.: Beltz Juventa.

Ruffing, R. (2010). Michel Foucault. UTB Profile (2., durchges. Auflage.). Paderborn: UTB.

Schanzenbächer, S. (2004). Gewalt ohne Ende: neue Perspektiven durch Anti-Aggressivitäts-Training und konfrontative Pädagogik in Brandenburg. Freiburg im Breisgau: Lambertus.

Schmidt, A. (2008). Kriminologie, Jugendstrafrecht, Strafvollzug (5., überarbeitete Neuauflage). Münster: Alpmann Schmidt.

Schrapper, C. (2015). „Warum tun junge Menschen nicht, was vernünftig ist?" Über die Vernunft normenverletzenden Verhaltens Jugendlicher und die Paradoxie von Erziehung und Strafe. In B. Redmann & M. Hußmann (Hrsg.), Soziale Arbeit im Jugendarrest. Weinheim u.a.: Beltz Juventa.

Schütze, F. (1977). Die Technik des narrativen Interviews in Interaktionsfeldstudien: dargestellt an einem Projekt zur Erforschung von kommunalen Machtstrukturen. Bielefeld: Univ.

Schwarz, U. J., & Müller, C. (2015). Begleitung von Kindern und Jugendlichen in Krisensituationen. Sonderpädagogik in Niedersachsen, 2, 2015, S. 47–52.

Simonsohn, B. (1970). Sozialpolitik ist die beste Kriminalpolitik. Gewerkschaftliche Monatshefte, 21. 1970, H. 5, S. 261 – 267.

Sow, N. (2009). Deutschland Schwarz Weiss: Der alltägliche Rassismus. München: Goldmann Verlag.

Statistisches Bundesamt. (2013). Fachserie 10 Reihe 3 - 2013.

Störmer, N. (2008). Das Problem, Menschen so zu verändern, dass sie das tun, was ich von ihnen will. Behindertenpädagogik, S. 31–60.

Tischner, W. (2010). Konfrontative Pädagogik - die vergessene „väterliche" Seite der Erziehung. In J. Weidner & R. Kilb (Hrsg.), Konfrontative Pädagogik: Konfliktbearbeitung in Sozialer Arbeit und Erziehung. Wiesbaden: VS Verlag für Sozialwissenschaften.

Verrel, T. (2013). „When the green flag drops, the bullshit stops" : Anmerkungen zum Gesetz zur „Erweiterung der jugendrichterlichen Handlungsmöglichkeiten". Neue Kriminalpolitik, 25(2013), 1, S. 67–78.

Vogel, M. (2015). Die Bedeutung neuer Ansätze für den Vollzug des Jugendarrests (S. S. 216–223).

Wacquant, L. J. D. (2000). Elend hinter Gittern. Konstanz: UVK, Univ.-Verl. Konstanz.

Wacquant, L. J. D. (2009). Bestrafen der Armen: zur neoliberalen Regierung der sozialen Unsicherheit. Opladen u.a.: Budrich.

Walkenhorst, P. (2015). Jugendarrest als Jugendbildungsstätte?! Pädagogische Möglichkeiten und Grenzen des Jugendarrests (S. S. 96–122).

Weidner, J. (2011). Das Anti-Aggressivitäts-Training (AAT®) in der Konfrontativen Pädagogik: lerntheoretische Grundlagen und Forschungsergebnisse zur Behandlung gewalttätiger Intensivtäter. In J. Weidner & R. Kilb (Hrsg.), Handbuch Konfrontative Pädagogik. Weinheim u.a.: Beltz Juventa.

Weidner, J., & Kilb, R. (2010). Konfrontative Pädagogik: Konfliktbearbeitung in Sozialer Arbeit und Erziehung (4., erw. Aufl.). Wiesbaden: VS, Verl. für Sozialwiss.

Weidner, J., & Kilb, R. (2011). Handbuch konfrontative Pädagogik: Grundlagen und Handlungsstrategien zum Umgang mit aggressivem und abweichendem Verhalten. Weinheim u.a.: Beltz Juventa.

Weischenberg, S., Malik, M., & Scholl, A. (2006). Journalismus in Deutschland 2005. Media Perspektiven, MP 7/2006.

Wigger, L., Vogel, P., Dörpinghaus, A., & Poenitsch, A. (2013). Einführung in die Theorie der Bildung. Darmstadt: WBG.

Winter, S. (2013). Geschlechter- und Sexualitätsentwürfe in der SS-Zeitung „Das Schwarze Korps": eine psychoanalytisch-sozialpsychologische Studie Gießen: Psychosozial-Verlag.

Würker, A. (2013). Scham und Gewalt in der Schule. Tiefenhermeneutische Überlegungen zum Thema School Shooting. In Normalungetüme. School Shootings aus psychoanalytisch-sozialpsychologischer Perspektive (S. 77–103). Gießen: Psychosozial-Verlag.

ibidem-Verlag

Melchiorstr. 15

D-70439 Stuttgart

info@ibidem-verlag.de

www.ibidem-verlag.de
www.ibidem.eu
www.edition-noema.de
www.autorenbetreuung.de